Für Oma Moni, die Weihnachten so sehr liebte.

Die Kurzgeschichten spielen hauptsächlich in bekannten Regionen, doch bleiben die Geschehnisse reine Fiktion. Die Figuren dieser Kurzgeschichten sind frei erfunden. Ähnlichkeiten mit lebenden oder verstorbenen Personen sind nicht beabsichtigt und wären rein zufällig.

Bibliografische Information der Deutschen Nationalbibliothek
Die Deutsche Nationalbibliothek verzeichnet diese Publikation in der Deutschen Nationalbibliografie; detaillierte bibliografische Daten sind im Internet abrufbar über https://www.dnb.de

www.niemeyer-buch.de

Umschlaggestaltung: C. Riethmüller
Der Umschlag verwendet Motiv(e) von 123rf.com
Druck und Bindung: Zimmermann Druck + Verlag GmbH, Balve
Printed in Germany
ISBN 978-3-8271-9332-2

Spannende Geschichten
aus dem Weserbergland

von Nané Lénard

Inhalt

Die stille Botschaft

Weihnachten stand kurz bevor. Schnee fiel auf die Weiden und auf das Dach des alten Hofes im Schaumburger Land. In der Landwirtschaft war nach Ernte und Schlachtzeit etwas Ruhe eingekehrt. Man freute sich auf die besinnliche, stille Zeit.

Stille konnte etwas Wunderbares sein.

Auch der Rintelner Bauer Heinrich Schmöe galt als stiller Typ. Das änderte sich, als er tot war.

Allerdings geschah das nicht sofort, denn man fand ihn steif und kalt auf dem Stallboden, noch mit der Forke in der Hand. Sein eines Bein ragte bis zum Knie in den Schweinestall, in dem sich ein paar „Halbstarke" tummelten. Sie schienen in der Nacht einen mächtigen Spaß daran gehabt zu haben, Heini den Gummistiefel auszuziehen. Doch das war wohl nicht so einfach gewesen, denn der Flunken hatte samt Wollsocke ziemlich fest im Schuh gesteckt. Aber Schweine besaßen gute Zähne. Es gelang ihnen, das dunkelgrüne Ding nach und nach abzubeißen und schließlich vom Fuß zu ziehen. Ein tolles Spielzeug hatten sie da erwischt. Man konnte daran zerren, es herumschmeißen und versuchen, einzelne Gummireste vor seinen Kumpels in Sicherheit zu bringen. Was für eine Freude im Schweinekoben! Niemand bemerkte das nächtliche Spektakel.

Als Hedwig am nächsten Morgen aufwachte und das Bett neben ihr leer war, vermutete sie, dass Heini schon in den Stall gegangen war. Damit hatte sie nicht ganz unrecht. Natürlich befand er sich dort. Er war nur zwischenzeitlich nie im Schlafzimmer gewesen. Kissen und Daunendecke lagen unberührt. Doch das war ihr ohne Brille nach über 30 Ehejahren gar nicht aufgefallen. Sie hätte ihn sogar dann kaum bemerkt, wenn er da gewesen wäre. Man sprach nur über das Nötigste.

Hedwig sah auf die Uhr. Es war mittlerweile nach sieben, aber immer noch stockdunkel. Mit einem Seufzer schwang sie ihre Beine aus dem Bett, streckte sich und klunterte sich an. Als sie die Vorhänge aufzog, bemerkte sie, dass die Scheibe zugefroren war. Fast überall hatten sie noch die alten Fenster von früher. Sie waren einfach verglast und bestanden aus zwei Teilen, in der Mitte ein Riegel. Jetzt öffnete sie das im Schlafzimmer und blickte in die weite, verschneite Landschaft. Ihre Atemzüge lösten sich nach kleinen Wolken im Nichts auf. Hoch oben stand der Mond. Er hatte einen weiten Hof. Klirrende Kälte suchte ihren Weg durch die geöffneten Flügel. Nach dem gestrigen Schneefall musste die Temperatur mächtig gesunken sein. Alles glitzerte: die Kristalle auf den Scheiben, die Oberfläche des kleinen Teiches und die Eiszapfen an den Giebeln. Es schien so, als stimmte sich die Natur auf das Weihnachtsfest ein. Für Hedwig bedeutete das vor allem viel Arbeit, denn die Kinder würden mit ihren Familien kommen. Sie seufzte, denn sie war müde. Nicht von zu wenig Schlaf, eher weil der Alltag anstrengend geworden war. Früher hatte sie Haus und Hof mit links bewältigt. Da war ihr alles leicht von der Hand gegangen.

In der Küche gab sie Holz in den alten Herd. Es war noch Glut darin. Ruckzuck brannte es wieder, und die Oberfläche, die im Nu schon heiß genug zum Aufbacken der Brötchen war, konnte bald auch das Kaffeewasser zum Kochen bringen. Hedwig deckte währenddessen den Tisch. Sie liebte den Küchenherd. Schon ihre Großmutter hatte darauf gekocht. Er brachte durch sein Knistern und seine Wärme Gemütlichkeit in den Raum. Hier hielt sie sich am liebsten auf. Noch immer nutzten sie die „gute Stube“, wie man sagte, nur wenn besonderer Besuch kam. Alle anderen saßen in der Eckbank der Wohnküche.

Inzwischen war es halb acht durch. Das Küchenfenster taute durch die Wärme langsam auf. Sie sah das Licht im Stall brennen. Heini würde sicher gleich zum Frühstück kommen.

Aber er kam nicht.

Hier stimmt etwas nicht, dachte Hedwig, als die Uhr achtmal schlug und der letzte Ton allmählich verklang. Immer war Heini zu den Nachrichten da gewesen. Allerspätestens hatte er um fünf vor acht in der Eckbank Platz genommen. Ein unheimliches Gefühl machte sich in ihr breit. Auch wenn er nie etwas gesagt hatte, war seine Anwesenheit doch mit Geräuschen verbunden gewesen. Seine Hände, die die Butter verstrichen, zum Beispiel, oder das Klappern der Tasse, wenn er sie auf den Tisch zurückstellte. Vertraute Laute, seit Jahrzehnten gehört, schufen auch eine Art von Geborgenheit, stellte sie fest. Jetzt fühlte sie sich alleingelassen in der Stille, als ob sie ahnte, dass er nie wiederkommen würde.

Hedwig wusste, dass sie nun aufstehen musste, um nach ihm zu sehen, aber ihre Beine waren schwer wie Blei. Sie starrte aus dem Fenster und war unfähig, sich zu bewegen. Nur die Augen wanderten zum Stall, wo immer noch das Licht brannte, während draußen lautlos Schnee auf Schnee fiel. Spuren gab es keine. Hatte es so viel geschneit, dass Heinis schon nicht mehr zu sehen waren?

Wie hilflos sie sich plötzlich fühlte und einsam. Niemand da, nach dem sie brüllen konnte. Es machte auch keinen Sinn, jemanden anzurufen, denn es war ja nichts passiert. Jedenfalls nicht, dass sie wusste. Heini war nur nicht zum Frühstück gekommen, so wie viele andere Menschen auch an diesem Morgen. Sich zu verspäten, war etwas Normales – für gewöhnlich. Das sagte sie sich, doch die schlimme Ahnung steckte ihr wie ein Kloß im Hals.

Irgendwann schaffte es Hedwig doch, sich aufzuraffen. Das Quieken der Ferkel hatte sie in die Realität zurückgeholt, weil es anders klang als sonst. Kläglich und elend. Genau so, wie sie sich fühlte. Sie zog sich ihre dicken Botten über die Selbstgestrickten, legte das Schultertuch um und schlurfte zum Stallgebäude hinüber – jeder Schritt eine Anstrengung. Arbeit und Alter hatten sie müde gemacht, die Ungewissheit lähmte zusätzlich.

Der Stall sah aus wie immer, nur stand das Oberlicht der Klöntür trotz der Minusgrade offen. Hedwig sah, dass es daraus dampfte, als sie näher kam. Die Schweine hatten sich wohl beruhigt, ganz im Gegensatz zu ihr. Um die Bäuerin herum lauerte die Kälte. Ein frostiger Morgen wollte soeben unter ihren roten Rock kriechen. Da öffnete sie schnell die Tür, um seiner eisigen Hand zu entfliehen. Doch ein Grauen jagte das nächste. Direkt vor ihr im Gang zwischen den Koben lag Heini und starrte sie an. Ein Blick, den sie nie wieder vergessen würde. Glasige, ferne Augen, Verwunderung und Schrecken lagen darin. Die rechte Hand hielt er nach oben mitsamt der Mistgabel ausgestreckt. Es wirkte so, als ob er in der Hoffnung auf Hilfe mit den Zinken nach ihr griffe. Das war zu viel für Hedwig. Sie schrie und floh. Dabei hatte sie weder die fehlenden Gliedmaßen noch die toten Ferkel bemerkt.

Wie lange sie anschließend teilnahmslos in der Küche gesessen hatte, konnte sie später nicht mehr sagen. Den Hausarzt, der erst gegen Mittag Zeit hatte, auf dem Hof vorbeizuschauen, erwartete im Stall ein Gruselkabinett. Denn da lag nicht nur Heini, dessen Bein bis oberhalb des Knies fehlte, sondern auch ein Haufen mittelgroßer Schweine, die ebenso tot waren wie er, wenn sie auch noch leicht dampften.

Ein betagter Bauer, dessen Fuß beim Sterben zufällig durch das Gatter gerutscht war, wäre erklärbar gewesen, fand Doktor Teichforst, aber dass sein Vieh solidarisch mit ihm aus dem Leben geschieden war? … das definitiv nicht! Hier schien etwas faul zu sein. Das war ein Fall für die Kripo.

Hedwig ahnte von all dem nichts. Sie lag auf der Eckbank und döste vor sich hin, nachdem ihr der Arzt eine Beruhigungsspritze gegeben hatte. Ihre Kinder waren auch verständigt worden, aber da sie alle weit weg wohnten, würde es dauern, bis sie vor Ort sein konnten. Hedwigs Muckefuck, Heinis Kaffee waren im Ausguss gelandet. Das war das Einzige, wozu Hedwig noch fähig gewesen war, bevor ihre Beine versagt hatten.

Hauptkommissar Wolf Hetzer und sein Kollege Peter Kruse glaubten ihren Augen nicht zu trauen, als sie den Stall betraten.

„Äh, nun ja", sagte Peter nach einer Weile des schweigenden Staunens, während sie sich ein Bild machten und den Fundort auf sich wirken ließen, „das Bein ist wohl in den Schweinen?"

„Anzunehmen", erwiderte Wolf, „aber ich fürchte, es ist ihnen nicht bekommen. Fragt sich nur, warum?"

„An den Käsemauken wird es wohl nicht gelegen haben", witzelte Peter, der gar nicht zum Spaßen aufgelegt war. Auch wenn die Sache hier weitgehend unblutig war, ließ sie den Betrachter dennoch nicht unberührt.

Selbst die Rechtsmedizinerin Doktor Nadja Serafin, die schon einiges gesehen hatte, schüttelte mit dem Kopf.

„Oha!", war ihr erstes Wort. Dann fasste sie Heini an. Nicht, um ihm den Puls zu fühlen. Das war nicht mehr nötig. Jeder sah, dass er tot war. Seine Brauen und die Nasenspitze waren gefroren. Nein, sie wollte ihn untersuchen, ihn in eine andere Lage bringen, aber das war schlicht unmöglich.

„Ausgeprägte Totenstarre?", erkundigte sich Peter.

„Auch", antwortete Nadja knapp und stieg über das Gatter, in dem die Schweine lagen. Jedes fasste sie an. „Die sind noch warm, einige mehr als die anderen", erklärte sie, nachdem sie alle fünf befühlt hatte. „Der Mann ist steif und starr vom Frost. Er muss schon einige Zeit so liegen. Ich kann ihn hier nicht untersuchen."

„Kannst du uns denn irgendetwas sagen?", erkundigte sich Wolf Hetzer.

„Ja, er ist viel länger tot als die Schweine", informierte Nadja sie. „Keine äußeren Verletzungen, außer dass ihm das Bein fehlt natürlich. Es sieht so aus, als ob er gekrampft hätte, aber das kann ich nicht mit Sicherheit sagen."

„Vielleicht ein Virus?", überlegte Peter laut. „Schweinegrippe, Schweinepest oder so? Er könnte seine Viecher angesteckt haben."

Nadja verkniff sich ein Grinsen. „Theoretisch hätte er, wenn er selbst krank gewesen wäre, seine Schweine mit H1N1, also der Schweinegrippe, infizieren können. Schmuste er denn sehr intensiv mit seinen Ferkeln? Ich meine so etwas wie Küsschen mit Zunge?"

„Woher sollen wir das wissen?", fragte Peter knapp, der sich auf den Arm genommen fühlte.

„Eine Übertragung mit was auch immer ist also ausgeschlossen?", wollte Wolf wissen.

„Ja. Bei der Schweinepest auf jeden Fall", stellte Nadja fest, „und wie gesagt, die Schweinegrippe hätte er an die fünf Paarhufer weitergeben können, aber es ist so unwahrscheinlich wie ein Sechser im Lotto mit Zusatzzahl. Und wenn doch, wären sie eher harmlos erkrankt."

„Hast du eine Vermutung?", hakte Wolf nach.

„Schon", gab Nadja zu, „aber bevor ich nicht mehr weiß, möchte ich sie für mich behalten."

„Wahrscheinlich denkst du, sie sind alle erfroren", warf Peter noch in den Raum. „Die Schweine hatten einfach mehr Fett und haben deswegen länger durchgehalten."

Nadja sah schmunzelnd auf seinen Bauch. „Irgendeinen Vorteil muss es ja haben."

Nun schmollte Peter. Auch wenn sie verheiratet waren, musste sie ihn nicht immer wegen seiner Vorliebe für Fastfood aufziehen.

„Er hätte doch einfach ins Haus gehen können, als ihm kalt wurde", widersprach Wolf der Theorie nach kurzem Grübeln.

„Nicht, wenn er gestürzt war, sich sein Bein im Gatter verklemmt hatte und er womöglich bewusstlos geworden war", gab Peter zu bedenken.

„Hat denn keiner von euch was gerochen?", wollte Nadja wissen. „Außer dem Erbrochenen, meine ich."

„Bittermandel?", kam es spontan von Peter.

„Alkohol?", fiel Wolf ein. „Wir waren noch nicht so dicht an ihm dran, weil wir die Szene erst einen Moment lang auf uns wirken lassen wollten, und dann warst du auch schon da."

„Geht mal näher hin und nehmt ein Näschen", schlug Nadja vor und sah in zwei zweifelnde Gesichter. „Ist nix Schlimmes."

Keiner von beiden wollte sich lumpen lassen, also beugten sie sich über Heini und schnüffelten. Zuerst drang nur Schweinemist in ihre Nasen und säuerlich der halb verdaute Eintopf gestern, aber es war noch etwas anderes im Hintergrund.

„Der Gestank kommt mir bekannt vor", grübelte Peter laut, „aber ich komme nicht drauf."

„Rieche ich Pfefferminze?", fragte Wolf.

„Richtig!", sagte Nadja.

„Vielleicht von einem Bollchen", warf Peter ein, „oder von einem Kaugummi."

Wolf lachte. „Na, hochwertiges Schweinefutter mit gesunden Kräutern wird er wahrscheinlich nicht in die Tröge geschüttet haben."

„Hallo? Wir haben Frost!", erwiderte Peter und tippte sich an die Stirn. „Da wächst so ein gesundes Zeug nicht."

„Nicht frisch, du Schlaumeier, getrocknet, meine ich." Wolf verdrehte die Augen.

Nadja sah sich um und ging zu einem Verschlag, in dem große Säcke gelagert waren. Einer stand offen. Daran schnupperte sie.

„Nee, riecht nicht nach Minze das Futter", informierte sie die beiden, „und ob er was gelutscht oder gekaut hat, wird mir sein Mageninhalt verraten, hoffe ich."

Zum Leidwesen von Wolf und Peter bückte sie sich und versuchte, einen Teil des alten Eintopfs in eine Plastiktüte zu löffeln, aber das war nicht so einfach. Auch er war durchgefroren, sodass sie sich Teile abstechen musste.

„Ist der Veterinär schon verständigt?", erkundigte sich Nadja anschließend.

„Sicher", antwortete Wolf, „schließlich ist es höchst merkwürdig, dass es zusätzlich zum Bauern fünf Schweine dahingerafft hat."

„Vor allem, weil dessen Frau noch lebt", wandte Peter mit ernster Miene ein. „Einen kollektiven Selbstmord können wir also ausschließen."

„Du bist doch ein Dämlack", schimpfte Wolf und knuffte seinen Kollegen in die Seite.

Nadja verdrehte nur die Augen. „Ich will auch eins von den Ferkeln auf dem Tisch haben", bestimmte sie. „Es ist mir egal, ob ihr es in euerem Kombi vorbeibringt oder ob der Veterinär eins bei mir ablädt."

Peter lachte. „Lieb, dass du an mich denkst, aber auf diese Schnitzel würde sogar ich verzichten."

„Ich meine das ernst", sagte Nadja mit grummelndem Unterton, „denn ich habe ganz andere Möglichkeiten, die Todesursache zu untersuchen.

Außerdem ist es wohl bekannt, dass das Schwein dem Menschen sehr ähnlich ist."

„Machen wir", versprach Wolf. „Ich weiß auch nicht, warum Peter heute Morgen einen Clown gefrühstückt hat. Möglicherweise hat die Kälte sein Hirn geschädigt."

„Spaßbremsen", zischte Peter leise. Für ihn hatte es sich bewährt, die Atmosphäre im Angesicht des Todes etwas aufzulockern. Er war halt so und meinte es nicht böse oder pietätlos. Das wussten sie doch.

Nun hieß es warten. Die Proben von Mensch, Tier und Fundort mussten ausgewertet werden. Sicher war nur, dass bei Heinis Ableben irgendetwas nicht mit rechten Dingen zugegangen war. Doch alles, was normalerweise im Umfeld eines Toten noch untersucht werden konnte, kam hier nicht zum Tragen. Weder der Bauer noch seine Frau besaßen ein Mobiltelefon. Der Hof lag so abgelegen, dass sich seit Tagen überhaupt kein einziges Handy in die entsprechende Funkzelle eingeloggt hatte. Es war auch laut Hedwigs Aussage niemand zu Besuch gekommen. Eine Überprüfung der Konten erbrachte ebenfalls nichts. Alles war wie immer. Nur Heini und seine vierbeinigen Zöglinge waren tot.

Das Weihnachtsfest im Hause Schmöe stand unter keinem guten Stern. Obwohl Nadja alles gegeben hatte, damit Heini noch vor den Feiertagen unter die Erde kam, war eine Beerdigung an Heiligabend nichts Wünschenswertes. Beinahe wie gewohnt waren die Familien eingetroffen, aber es lag keine Fröhlichkeit in der Luft. Die Atmosphäre hatte etwas Bedrückendes. Man hatte die Kinder bei der übrigen Verwandtschaft untergebracht, und so lagen Schnee und Frost bleiern auf Dach und Seele.

Der einzige Vorteil war, dass diesmal niemand bedient wurde. Kein endloses Plätzchenbacken und Kochen für Hedwig, denn sie tat es einfach nicht, und es ging auch. Sie hatte sich ganz in sich zurückgezogen. Notgedrungen waren die Jungen zum Einkaufen gefahren. Was nun an komischem Kram im Kühlschrank stand, interessierte sie nicht. Sie hatte sowieso keinen Hunger, denn sie musste nachdenken. Das Grübeln fand einfach kein Ende. Selbst an Heinis Grab fragte sie sich noch, was wohl geschehen sein musste. Alles war nun sinnlos und leer geworden. Kein Lebenszeichen auf dem Hof, außer ihrem eigenen und dem einiger Mäuse vielleicht. Die Zukunft war düster. Allein konnte sie den Betrieb nicht bewirtschaften, das wusste sie, doch dass ihr der älteste Sohn gleich in der stillen Nacht einige bunte Prospekte wie ein Geschenk überreichen würde, damit hatte sie nicht gerechnet. Seniorenresidenz … Das Wort saß wie ein Stachel in ihrem Fleisch.

Hier auf dem Hof war sie geboren worden und aufgewachsen, ebenso wie ihre Mutter und Großmutter zuvor. Freiheit und Zwang hatten sich die Hand gegeben. Das eine bedingte eben das andere. Natur, Frischluft, viel Platz, unterschiedlichste Tiere – all das hatte sie gehabt und damit auch einen Haufen Arbeit. Hätte einer der Söhne das Gut übernommen, wäre alles leicht gewesen. Ein sanfter Übergang und Fortbestand der Landwirtschaft. Doch so hatten Heini und Hedwig die letzten Jahrzehnte alles selbst bewältigen müssen – rund um die Uhr, sieben Tage die Woche, ohne Urlaub oder Ruhestand. Nichtsdestotrotz war es ein Leben, das sie nicht missen wollte, und nun sollte sie in ein einziges kleines Zimmer, in einem Heim, also quasi in die Box eines Stalls mit anderen Alten, gesperrt werden. Diese Vorstellung machte ihr Angst. Es nahm ihr die Luft zum Atmen. Sie dachte an ihre Oma und an das verbotene Glas mit den Wurzeln. Aber was sollte aus dem Gehöft werden? Für Hedwig war es weit mehr als ein Familienerbe.

Der Heilige Abend ging vorbei. Schon am nächsten Morgen verabschiedeten sich die Söhne und Schwiegertöchter. Man müsse zurück zu den Kindern, hieß es, und sie solle sich die Sache mit der Residenz ruhig mal durch den Kopf gehen lassen. Doch das war das Letzte, was Hedwig tun würde.

In der Nacht zum zweiten Weihnachtsfeiertag klarte es auf. Die Temperaturen rutschten in den zweistelligen Minusbereich. Hedwig konnte nicht schlafen, obwohl sie sich vor Stunden auch noch Heinis Decke geholt hatte. Gegen vier Uhr entschloss sie sich, in die Küche zu gehen und den alten Herd zu entfachen.

Auch die Kommissare Hetzer und Kruse schliefen schlecht. Jemandem an Weihnachten mitteilen zu müssen, dass der Ehemann wahrscheinlich ermordet worden war, brachte keine Nachtruhe, aber es ließ sich nicht länger aufschieben. Der gesamte Hof musste endlich untersucht werden.

Hedwig, die nun erst am frühen Morgen auf der Küchenbank in einen tiefen Schlaf gefallen war, schreckte hoch, als es an der Tür klingelte. Noch leicht benommen erkannte sie die beiden Kommissare durch das Glas und öffnete.

„Guten Morgen und frohe Weihnachten", begann Hauptkommissar Wolf Hetzer behutsam, „dürfen wir reinkommen?"

„Selbstverständlich", erwiderte Hedwig und ging voran in die Küche. „Möchten Sie einen Kaffee?"

„Gern", sagte Peter, um etwas Zeit zu schinden.

Die Bäuerin setzte Wasser auf. Behagliche Wärme lag im Raum. Hetzer und Kruse nahmen in der Eckbank Platz und fühlten, wie sie langsam auftauten. Draußen war es wirklich lausig kalt, beinahe unerträglich. Genauso wie das, was sie zu sagen hatten.

Während Hedwig den Ermittlern Kaffee in der alten Kanne von Tante Frieda aufgoss, fiel ihr auf, dass sie schon seit dem Morgen von Heinis Tod keinen Muckefuck mehr getrunken hatte. Lähmende Leere hatte sie sich selbst und ihre Bedürfnisse vergessen lassen. Dabei war das ein Relikt, ein Ritual aus alten, mageren Zeiten, das sie beibehalten hatte, weil sie kein Koffein vertrug. Mehr aus Gründen der Gastfreundlichkeit, damit die Herren nicht allein vor ihren Tassen sitzen mussten, schüttete sie das restliche Pulver aus der Dose in einen geblümten Henkelbecher, brühte sich den Kaffeeersatz aus Getreide auf und gab großzügig Milch hinzu. Zögerlich setzte sie sich zu den Männern.

Einen Moment lang herrschte Stille. Nur das Feuer knisterte. Dann fasste sich Hetzer ein Herz und tat das Unvermeidliche kund.

„Frau Schmöe, wir müssen Ihnen leider mitteilen, dass Ihr Mann keines natürlichen Todes gestorben ist", bedauerte er.

Schweigen.

Es schien fast so, als hätten seine Worte sie nicht erreicht. Hedwig trank einen großen Schluck aus ihrer Tasse und sagte noch immer nichts.

„Haben Sie verstanden, was mein Kollege …?"

Ein Nicken unterbrach Peters Versuch, zu ihr durchzudringen. Sie hatte begriffen und war wohl noch nicht in der Lage, sich zu äußern. Wie an einem Rettungsanker hielt sich Hedwig an ihrer Tasse fest. Dann trank sie erneut, ohne sich zu erklären.

Wolf legte nach. „Man hat ihn vergiftet", erklärte er ihr. „Wissen Sie, ob er mit jemandem Streit gehabt hat?"

Hedwig holte tief Luft und schüttelte den Kopf. Sie hatte eine Ahnung. Sämtliches Blut war aus ihrem Gesicht gewichen. Auf ihrer Stirn bildeten sich Schweißperlen.

Hetzer und Kruse, die die Bauersfrau genau beobachteten, waren verwirrt. Sie konnten sich keinen Reim auf ihre Reaktion machen. Es sei denn, die Alte hatte ihren Ollen selbst um die Ecke gebracht.

„Womit?“, fragte sie endlich, nachdem sie den Muckefuck ausgetrunken hatte.

„Rattengift“, log Peter und meinte eine tiefe Erleichterung in Hedwigs Blick zu entdecken.

Wolf Hetzer stieß ihn unter dem Tisch an, hielt sich aber zurück.

„Haben Sie Rattengift im Haus?“, erkundigte sich Peter.

„Nein, das brauchen wir nicht. Es gibt genug Katzen“, erklärte Hedwig. Sie fröstelte jetzt trotz des Feuers und legte ein paar Scheite nach. Das Atmen fiel ihr schwer. „Das einzige Gift, was wir haben, ist Jahrzehnte alt und bestimmt längst unbrauchbar.“ Sie holte tief Luft. „Meine Großmutter bewahrte es in einem Glas auf, für alle Fälle.“

„Was heißt das ‚für alle Fälle‘?“, wollte Wolf wissen.

„Sie können sich sicher vorstellen, was Soldaten im Krieg mit Frauen und Mädchen machen?“, gab Hedwig zu bedenken. „Oder bei Plünderungen mit den Menschen, die auf dem Hof leben. Oma Erna hatte die Wurzeln des Eisenhutes getrocknet und sie in einem Glas auf den obersten Balken im Dachstuhl gestellt, damit niemand aus Versehen …“ Sie hustete und griff sich an den Magen.

„Was haben Sie?“, erkundigte sich Peter besorgt. Die Frau war jetzt wirklich kaltschweißig und krümmte sich.

„Mir ist nicht gut“, stammelte Hedwig. „Bitte entschuldigen Sie. Bin gleich wieder da.“

Mit diesen Worten schlurfte sie auf ihren Puschen in den Flur hinaus. Dann hörten die Kommissare eine Tür klappen.

„Das mit dem Mord muss sie jetzt doch mächtig mitgenommen haben“, stellte Wolf Hetzer besorgt fest. „Ich dachte erst, sie erträgt es ganz gefasst.“

„Gib ihr einen Moment“, bat Peter. „Wenn sie sich dann nicht besser fühlt, sollten wir vielleicht den Arzt anrufen, damit sie noch mal eine Beruhigungsspritze bekommt.“

„Würde mich interessieren, ob das Glas da oben noch steht“, sagte Wolf, „und ob sie selbst was mit dem Tod ihres Mannes zu tun hat.“

„Glaub ich nicht“, antwortete Peter. „Sie hat das mit dem Rattengift sofort gefressen. Es sah sogar so aus, als ob sie darüber froh war.“

„Ja, den Eindruck hatte ich auch, aber es erschließt sich mir nicht, wieso jemand darüber beruhigt oder erleichtert sein sollte, dass es dieses anstatt eines anderen Giftes gewesen ist“, gab Wolf zu bedenken und trank einen Schluck Kaffee. „Es sei denn, sie hat befürchtet, dass er sich selbst umgebracht hat.“

„Keine Ahnung", erwiderte Peter. „Versteh einer die Frauen! Tot ist schließlich tot. Aber dann ist es ja gut, dass sie nun wenigstens denkt, dass es ein anderer war."

Jeder hing seinen Gedanken nach. Irgendwann sah Wolf auf die Uhr.

„Schon zehn Minuten", sagte er. „Wir sollten nach ihr sehen. Nicht dass sie Hilfe braucht."

Die Kommissare standen von ihrem warmen Platz auf und gingen in den Flur. Dort riefen sie nach Hedwig Schmöe, aber es kam keine Reaktion.

„Die wird doch nicht abgehauen sein?", überlegte Peter laut. „Am Ende hat sie ihren Mann doch auf dem Gewissen und wir Dösbaddel sind ihr auf den Leim gegangen."

„Wo sollte sie denn hin?", fragte Wolf und schüttelte vehement den Kopf. „Eine Seniorin, allein und im Dauerfrost."

„Frau Schmöe!", rief Peter. „Bitte antworten Sie!"

Nichts.

Nach und nach öffneten sie sämtliche Türen im Flur und sahen in die einzelnen Räume. Eine weiter hinten war verschlossen. Die traten sie ein und fanden Hedwig, in ihrem Erbrochenen liegend. Sofort tasteten sie nach dem Puls, aber die Frau war tot.

„Wie kann denn das sein?", kam es erschüttert von Wolf, während Peter den Notruf wählte.

Es dauerte eine Weile, bis Hilfe eintraf, aber selbst wenn es schneller gegangen wäre, hätte man Hedwig nicht mehr helfen können. Fast parallel mit dem Notarzt war auch die Rechtsmedizinerin Doktor Nadja Serafin eingetroffen. Peter hatte sie verständigt. Beide Mediziner waren sich einig. Das hier sah schwer nach einer massiven Vergiftung aus. Nur womit? Und wieso gerade jetzt direkt vor den Augen der Kommissare?

Man grübelte über diesen merkwürdigen Umstand.

„Mensch, das komische Zeug, woraus sie sich so einen löslichen Kaffee gemacht hat", fiel Peter plötzlich ein. „Das könnte es gewesen sein."

„Stimmt, sie hat was anderes getrunken als wir", bestätigte Wolf.

„Glaubst du, sie wollte sich was antun?", erkundigte sich Peter.

„So wirkte sie nicht", antwortete Wolf. „Ältere Menschen wie diese Bauersfrau bringen normalerweise erst ihre Sachen in Ordnung und scheiden dann still und leise aus dem Leben."

„Das stimmt", sagte der Notarzt, „da sind dann die Betten gemacht, und das Geschirr ist abgewaschen."

„Ich glaube auch eher, dass sie von ihrem Zustand überrascht worden ist", tat Nadja ihre Meinung kund. „Das war kein schönes Ende. Luftnot und schreckliche Krämpfe wird sie gehabt haben. Dazu Durchfall und Erbrechen. Man sieht es ihr noch an, das grenzenlose Entsetzen in ihrem Gesicht. Hätte man nicht für sich selbst einen sanfteren Freitod gewählt?"

„Handelt es sich denn um dasselbe Gift, das auch ihren Mann umgebracht hat?", wollte Wolf wissen.

„Sehr gut möglich vom ersten Eindruck her. Ich muss das natürlich erst überprüfen", erwiderte Nadja, „aber nach euren Beschreibungen ist es ja wohl irre schnell gegangen. Eisenhut gehört zu den gefährlichsten Pflanzen überhaupt. In Europa gibt es nichts Giftigeres. Schon das Berühren der Blätter kann zu Beeinträchtigungen der Haut führen. Zwei Gramm der Wurzel sind eine tödliche Dosis des Aconitums. Das Fatale ist, dass der Eisenhut sowohl in der Natur vorkommt, als auch in manchen Gärten zu finden ist. Ein leicht zu beschaffendes Gift also! Allerdings ist die Wirkung so fürchterlich, dass man es in Kenntnis der Folgen nicht freiwillig zu sich nehmen würde."

„Aha", sagte Peter interessiert. „Es gäbe also bessere Methoden, sich selbst das Licht auszublasen?"

„Auf jeden Fall", erklärte Nadja, „denn man kriegt bei einer Vergiftung mit Aconitum bis zum Schluss alles ganz genau mit. Kein gnädiges Dahindämmern oder so. Es ist natürlich die Frage, ob das dem Verwender überhaupt bekannt ist."

„Schrecklich", sagte Wolf. „Das kann man selbst nicht wollen und nicht mal seinem schlimmsten Feind wünschen. Mich würde aber nun interessieren, was hier auf dem Hof vor sich gegangen ist."

„Die zeitliche Reihenfolge ist doch klar", erinnerte Nadja die beiden Kommissare. „Und ich weiß jetzt auch, wie das Gift in den Körper des Bauern gekommen ist."

„Na, da bin ich aber gespannt", sagte Peter.

„Okay, aber lasst uns bitte in die warme Küche gehen", bat Nadja, die trotz Jacke fror.

Wolf und Peter stimmten nur zu gerne zu. Geheizt wurde wohl nur in dem einen Herd, so wie es früher üblich war.

„Schieß los", forderte Wolf die Rechtsmedizinerin auf.

„Kautabak", warf Nadja in den Raum. „Bauer Heini kaute so ein grässliches Zeug, angereichert mit Minzgeschmack. Das war auch das, was wir am Fundort gerochen haben. Darin muss sich der Eisenhut befunden haben. Ich tippe auf die zerkleinerte Wurzel des Krauts. Er muss so viel hochkonzentriertes Gift aufgenommen haben, dass es sogar noch dazu gereicht hat, die Ferkel zu vergiften, weil sie sein Bein gefressen hatten. Wahnsinn, sage ich euch. Das hatte er aber wahrscheinlich nicht beabsichtigt. Ich schätze, sein Fuß ist beim Krampfen zwischen die Metallstangen geraten."

Wolf war verblüfft, doch Peter fiel in diesem Moment das Glas wieder ein, von dem Hedwig gesprochen hatte.

„Bin gleich wieder da", versprach er.

„Es geht dir doch gut?", rief Wolf ihm besorgt hinterher.

„Klar!", hörten sie noch und wie jemand eine Treppe hinaufstieg.

Wolf grinste. „Ich ahne, was er vorhat. Hedwig Schmöe sprach vorhin von einem Giftdepot ihrer Großmutter, aber ich nehme mal an, dass das nach etlichen Jahrzehnten nichts mehr anrichten könnte oder vielleicht gar nicht mehr vorhanden ist. Sie hatte wohl getrocknete Eisenhutwurzeln in einem Glas aufbewahrt."

Nadja machte große Augen. „Da täuschst du dich aber, wenn du glaubst, die Wirkung würde nachlassen. Es könnte durchaus sein, dass die alten Knollen verwendet worden sind."

Kurze Zeit später kam Peter triumphierend mit einem alten Apothekerglas um die Ecke. Es war braun und hatte einen Aufkleber mit Totenkopf.

„Das ist deutlich", sagte Wolf. „Aus Versehen geht da niemand bei."

„Finger weg! Wehe, du machst das auf", schimpfte Nadja, die sah, dass Peter sich gerade anschickte, den Deckel zu lupfen.

Doch der grinste. „Ist leer, nix mehr drin, nur irgendein Blatt Papier", versuchte er seine Frau zu beruhigen, aber da hatte sie ihm schon den Behälter aus der Hand gerissen.

„Du willst doch wohl nicht den Staub einatmen, oder?", sagte sie drohend.

„So schlimm wird das ja nun auch nicht sein", schmollte Peter Kruse.

Dass Nadja anderer Ansicht zu sein schien, war deutlich zu erkennen, als sie sich den Mundschutz aufsetzte, ein paar Latexhandschuhe überzog und zur Spüle ging. Erst dort zog sie den Zettel mit spitzen Fingern aus dem Glas.

„Lies vor!", bat Wolf ungeduldig.

Nadja staunte. „Das ist ein Testament, wenn auch ein ungewöhnliches. Hier steht:

Mein letzter Wille! Wir sind nun tot. Besser als im Heim zu vegetieren. Ihr wolltet den Hof nicht, also begnügt euch mit dem Pflichtteil. Die andere Hälfte schenke ich demjenigen, der ihn weiterführen will. Eure Mutter weiß von all dem nichts. Also behaltet sie in liebevoller Erinnerung. Euer Vater.“

„Krass“, sagte Peter nur. „Dann muss er …“

„Wenn er es denn tatsächlich selbst verfasst hat“, gab Wolf zu bedenken.

„Die Wurzel könnte jeder irgendwo hineingemischt haben“, wandte Nadja ein und ließ das Blatt wieder ins Glas fallen. „Wir werden herausfinden, ob da Fremd-DNA dran ist.“

„Ich denke, das Ganze macht so keinen Sinn“, grübelte Wolf laut.

„Warum?“, fragte Peter.

„Ganz einfach“, antwortete Wolf. „Es geht um den Zeitpunkt des Todes. Seine Frau starb nach ihm. Das Testament ist aber so verfasst worden, als ob sie vor ihm aus dem Leben gegangen und er der letzte Erblasser wäre.“

Nadja nickte, aber Peter verstand nur Bahnhof.

„Nach regulärer Erbfolge hätte meiner Meinung nach Hedwig Schmöe die Hälfte des Hofes bekommen und beide Kinder jeweils ein Viertel“, wusste die Rechtsmedizinerin. „Ebenso verhielte es sich umgekehrt. Wir wissen, dass Heinrich zuerst tot war. Er enterbt mit dem Testament also seine Söhne – sie bekommen nur ein Achtel – und schenkt seiner Frau, die ja den Hof weiterführt, das andere Viertel.“

„Stimmt genau“, hakte Wolf ein. „Aber die bekommen den Rest dann eh, weil sie von ihrer Mutter zu gleichen Teilen erben.“

„Vielleicht wusste er das nicht“, wandte Peter ein. „Oder er hat gedacht, dass seine Frau vor ihm sterben würde.“

„So ein Humbug! Mensch, da informiere ich mich doch vorher, glaubst du nicht?“, ärgerte sich Nadja. „Vor allem, wenn ich einen erweiterten Selbstmord plane. Wer hätte sich denn um die Ferkel kümmern sollen, wenn sie das Bein nicht gefressen hätten und Hedwig schon tot war?“

„Den Satz mit dem Altersheim im Testament habe ich auch nicht verstanden“, warf Wolf in den Raum. „Wollten die Kinder, dass die beiden dort hingehen?“

„Da hinten liegt eine Mappe“, wusste Peter. „Irgendwie Infomaterial von einer Seniorenresidenz.“

„Gib mir das auch mal wegen der DNA mit“, bat Nadja. „Dann haben wir vielleicht was für einen Abgleich.“

„Im Stall lag auch so was rum", erinnerte sich Peter. „Allerdings einmal durchgerissen in einer Mülltonne."

„Verstehe", sagte Wolf. „Dann wollten die Söhne ihre Eltern wohl gerne dort unterbringen."

Peter seufzte. „Es geht immer um Kohle. Omma und Oppa ins Heim stecken, Immobilie verscherbeln und schön aufteilen. Schon ist man saniert!"

„Tja, und wenn das nicht klappt, bringt man sie eben um die Ecke", fügte Nadja hinzu.

Wie recht sie damit hatte, glaubte sie zu diesem Zeitpunkt selbst noch nicht. Hatte es zunächst auch so ausgesehen, als ob Heini sich und seine Hedwig vor dem Heim hatte bewahren wollen, so sprachen die Spuren später von etwas ganz anderem.

Dabei hatte Manfred wirklich an alles gedacht – zumindest fast. Er war vorsichtig vorgegangen, hatte Apothekerglas und Kautabakdose abgewischt. Sogar das Kunststoffgefäß des Caro-Kaffees war nicht vergessen worden. Selbst auf dem falschen Testament hatte er keine Fingerabdrücke hinterlassen und die Krakelschrift seines Vaters gut imitiert. Ja, er war so von seiner Genialität überzeugt gewesen, dass er bei seiner Vorbereitung einen fatalen Fehler übersah. Er hätte seine Handschuhe nicht im Hausmüll entsorgen sollen, denn der Winter hatte die Wege unpassierbar gemacht. Wurde die schwarze Tonne sonst auch alle vier Wochen geleert, waren nun schon acht ins Land gegangen. Und so fand die Spurensicherung das hautfarbene Paar, dem außen noch Fragmente der Eisenhutwurzel anhafteten, und – was viel schwerer wog – innen Hautpartikel des Sohnes.

Tja, so kann es kommen: Heini, der kaum jemals etwas gesagt hatte, war also endgültig zum Schweigen gebracht worden, doch er hatte auf wunderbare Weise durch seine Schweine gesprochen und damit zur Aufklärung des Doppelmordes beigetragen.

Eiszeit

Was für ein frostiger zweiter Weihnachtsmorgen! Noch schien der Mond auf die eisige Fläche des Sees und ließ die Schneekristalle silbern funkeln. Steinhude und Mardorf lagen im Winterschlummer. Über Nacht hatte es geschneit. Nur äußerst zart deutete sich die Dämmerung im Osten an, aber niemand, der über die Feiertage frei hatte und ganz bei Trost war, verließ jetzt das warme Bett freiwillig. Es sei denn, er hatte was Heimliches vor.

Es war also wunderbar friedlich, als sich Justus und Jakob zum Eisangeln auf das Steinhuder Meer begaben. Es geschah nicht allzu oft, doch gelegentlich kam es vor, dass der große Binnensee komplett mit einer dicken Eisschicht überzogen war. Dann konnte man zu Fuß zur Insel Wilhelmstein gehen. Die beiden Brüder erinnerten sich daran, dass ihr Großvater damals sogar mit seinem Käfer über die gefrorene Fläche gefahren war. So etwas war heute wahrscheinlich nicht mehr erlaubt. Grund für die vergleichsweise schnelle Tragfähigkeit des Eises war die geringe Tiefe des Gewässers, die durchschnittlich weniger als anderthalb Meter betrug. Es gab nur wenige Stellen, die knapp drei Meter maßen.

Für nächtliche Fischräuber, die weder einen Angelschein noch Ahnung vom Metier hatten, war das eine beruhigende Sache. Immerhin konnte man stehen, falls man einbrechen sollte. Die jungen Männer waren auf fetten Aal aus, doch der schlief zu dieser Jahreszeit seelenruhig unter den moorigen Wiesen und aß rein gar nichts – auch keinen Köder. Er hielt bis zum Frühling Winterschlaf. Wer konnte das schon ahnen?

Im Grunde genommen ging es Justus und Jakob auch gar nicht darum, mit einer ordentlichen Beute nach Hause zu kommen. Die Sache an sich war spannend, egal was und wie viel man fing. Mit einer gehörigen Portion Nervenkitzel, Mehlwürmern, Nylonschnüren und Haken schlichen sie über das Eis von Mardorf aus. Damit sie nicht vom Ufer aus zu sehen waren, hatten sie sich mit ihrem Spaten und der Angelausrüstung bis fast zur Seemitte gewagt.

In der Nähe eines kleinen Reisighaufens, der aus dem Neuschnee ragte und – wie auch immer – dorthin geweht worden war, hielten sie an.

„Ich bin froh, dass du mir das mit Anna verziehen hast", sagte Jakob und knuffte seinen Bruder in die Seite.

„Hauptsache, ihr werdet glücklich", gab Justus mit einem Grinsen zurück. „Man kann eben nix erzwingen."

„Du wirst schon auch noch die Passende finden", sprach Jakob ihm Mut zu. „Die Sache mit dem Wintercamping am Steinhuder Meer war auf jeden Fall eine echt gute Idee. So eine kleine Männerauszeit ist schon was Feines, und in unserem Fall hat sie dazu geführt, dass wir uns ausgesprochen und wieder vertragen haben. Ich danke dir, dass du das vorgeschlagen hast."

„Obwohl Anna im ersten Moment sauer war, weil du sie an Weihnachten allein gelassen hast?", wollte Justus wissen.

„Ja. Es war mir wichtig, mit dir wieder ins Reine zu kommen", erklärte ihm der Bruder. „Schließlich will ich nicht mein Leben lang mit dir verkracht sein."

„Okay, na dann wollen wir mal ein Loch ins Eis hauen", schlug Jakob vor und holte mit dem Spaten aus.

Doch die starre Masse war widerspenstiger als gedacht. Mit ein paar Hieben sprengte er nur kleine Stücke aus der Oberfläche und kam kaum in die Tiefe, aber wenigstens wurde ihm wärmer.

Justus sah eine Weile zu und schmunzelte bereits innerlich. Sein älterer Bruder war immer der schmächtigere von ihnen beiden gewesen. Drahtig zwar, aber eher an schöngeistigen Dingen interessiert, während er selbst auch zusätzlich noch Sport trieb und manche Stunde im Fitnessstudio verbrachte.

„Gib mal her", sagte er, als er nicht mehr mit ansehen konnte, wie Jakob sich abmühte, ohne wirklich voranzukommen.

„Wie du meinst", erwiderte Jakob schnaufend. „Ist ganz schön anstrengend."

„Du musst auch mal was für deinen Körper tun und nicht nur für deine Birne", schoss es aus ihm heraus, aber Justus bereute es, noch während er den Satz aussprach, weil er an Anna denken musste.

Gerade hatte er sich wieder so gut mit Jakob vertragen, da war es nicht fair, dem Älteren seine Schwächen aufzuzeigen. Verlegen stach er auf die harte, frostige Masse ein. Zehn Zentimeter war er jetzt bestimmt schon tief. Wahnsinn, wie dick das Eis war! Und dabei hatte er in letzter Zeit wirklich viel trainiert, aber selbst er konnte nur stückweise vorankommen. Das wurmte ihn. Er stach noch fester zu. Im Kreis umrundete er nach und nach das zukünftige Angelloch, doch da knirschte es plötzlich verdächtig; und bevor er überhaupt begriff, was ihm das Geräusch sagen wollte, brach er unvermittelt ein. Ein Schock! Die Kälte des Wassers raubte ihm den Atem, noch während sich die Kleidung vollsog und ihn unter Wasser ziehen wollte. Justus zappelte wie ein Fisch auf dem Trockenen.

„Ja, stell dich doch einfach hin!", schrie Jakob ihm zu. „Du kannst hier stehen. Das Wasser ist nicht tief."

Aber der Versuch schlug fehl. Fast wäre Justus dabei unter das Eis geraten. Panik ergriff ihn.

Scheiße, dachte Jakob, wenn sie wenigstens eine Angelrute dabeigehabt hätten. Nun musste er versuchen, seinen Bruder so herauszuziehen. Vorsichtig legte er sich auf die frostige Oberfläche, die nun durch das spritzende und sofort gefrierende Wasser ganz glatt geworden war, und robbte näher. Der Jüngere versuchte krampfhaft, sich festzuhalten, doch jedes Mal rutschte er ab.

„Nimm meine Hand", rief Jakob verzweifelt. Zu nah wollte er nicht an die Stelle heran, um nicht auch noch einzubrechen. „Um Himmels willen, versuch doch auf dem Boden Fuß zu fassen!", flehte er den Bruder an. Er sah, wie dessen Kräfte langsam schwanden. Selbst die trainierten Muskeln versagten nun ihren Dienst. Er konnte Justus' Hand nur einmal kurz erwischen, doch kaum dass er danach griff, glitschte sie ihm wieder aus den Fingern. Verzweifelt und ohnmächtig musste er mit ansehen, wie sein Bruder unter das Eis trieb. Seine Haut schimmerte noch einen winzigen Moment am Rand des Lochs hervor, dann war darin alles schwarz. Ein Schandfleck im grenzenlosen Weiß des Sees.

Jakob schrie, aber er war zu weit weg von allem und musste zum Ufer laufen. Seine Beine wollten ihn auch nicht richtig tragen. Er stolperte mehr oder weniger voran und erreichte erst nach einer gefühlten Ewigkeit wieder festen Boden unter den Füßen.

Auf dem Campingplatz brüllte er um Hilfe, doch es dauerte, bis sich einer der wenigen Reisenden aus dem Bett quälte und seine Tür einen Spalt weit öffnete. Danach konnte sich Jakob an nichts mehr erinnern.

Peter Kruse hatte dem wirren Gefasel zumindest entnehmen können, dass es einen Unfall auf dem See gegeben hatte, bei dem jemand unter Wasser geraten war. Also tat er in seiner Freizeit das, was er sonst auch im Dienst getan hätte. Er rief die 112 an. Den halbnassen Kerl hatte er mit einer Decke umschlungen und auf die Bank seiner Halbdinette gesetzt. Dort war er in sich zusammengesackt. Kruses Frau Nadja Serafin verfolgte den Anruf zunächst im Halbschlaf, war dann aber sofort hellwach und sprang aus dem Bett. Es hatte sich auch heute wieder bewährt, dass sie im Jogginganzug schliefen.

Als sie den durchgefrorenen Mann sah, holte sie die Wärmefolie aus dem Verbandskasten des Kastenwagens und wickelte sie noch um die Decke herum. Dann stellte sie die Heizung im Fahrzeug etwas stärker ein. Sobald sich die Temperatur erhöht hatte, wollte sie ihn bitten, die Jacke auszuziehen. Er schien total verstört zu sein. Momentan machte es keinen Sinn, mit irgendwelchen Fragen in ihn zu dringen.

„Die Enten werden gleich hier sein", flüsterte Oberkommissar Peter Kruse seiner Frau zu und meinte damit insgeheim die Wasserschutzpolizei. „Allerdings können sie auf diesem Tümpel wenig ausrichten, solange der im Frost erstarrt ist. Einer von denen ist Eissegler. Das THW will auch kommen. Mal sehen, ob sie den Eingebrochenen finden."

„Ah", seufzte die Rechtsmedizinerin leise, „sie sind zu mehreren gewesen. Das ist ja schrecklich. Er steht ganz neben sich."

„Wohl zu zweit", wusste Peter noch. „Es nützt aber nichts. Ich würde den Mann auch gerne schonen, aber wir brauchen dringend mehr Informationen, bis die anderen hier sind."

Nadja nickte.

Während Peter am Kühlschrank vorbeiging und sich eine Bulette in den Mund steckte, war sie schon nach vorne gegangen und hatte auf dem Fahrersitz Platz genommen, der wie der des Beifahrers zum Innenraum gedreht war.

„Möchten Sie einen heißen Tee oder Kaffee, Herr …?", erkundigte sich Nadja.

„Körber, Jakob Körber", kam es teilnahmslos aus dessen Mund. Dann schüttelte er den Kopf.

Peter hatte aufgekaut und setzte sich dazu.

„Habe ich das richtig verstanden, dass Sie nicht allein dort auf dem See waren?"

„Mit meinem … Bruder“, erklärte Körber stockend. „Er ist weg.“ Tränen liefen über sein Gesicht.

„Ich nehme mal an, er ist nicht weggelaufen, zu einer anderen Uferseite, oder?“, fragte Nadja sanft.

„Nein, das Eis … es ist … wir wollten angeln, da ist er …“, stammelte Körber.

„Eingebrochen?“, hakte Peter nach.

Jakob Körber nickte. Er war ein Bild des Jammers.

„Ich konnte ihn nicht …“, kam es gepresst aus seinem Mund.

„Ist er unter das Eis geraten?“, erkundigte sich Nadja vorsichtig.

„Ja“, schluchzte Körber und hielt sich die Hände vors Gesicht.

Von ferne hörten sie Blaulicht und Martinshorn.

„Wir werden Sie brauchen, um die Stelle zu finden“, sagte Peter entschlossen. „Leider kann ich es Ihnen nicht ersparen, noch mal mit da rauszukommen. Ich gebe Ihnen eine Jacke von mir. Dann wird es gehen, denke ich.“

„Wenn wir Ihren Bruder jetzt schnell finden, könnte er noch eine Chance haben“, versuchte die Rechtsmedizinerin dem Mann Hoffnung zu machen.

Doch Körber wirkte mutlos, als er in Peters viel zu große Jacke schlüpfte und kurze Zeit später das Wohnmobil verließ.

Nadja atmete ein wenig auf, während sich die Tür im Soft-Close-Modus leise schloss. Die Situation war bedrückend gewesen. Nachdenklich setzte sie Teewasser auf. Vielleicht würde etwas Wärme von innen gut tun.

Durch das Fenster sah sie, dass eine Gruppe von Helfern das Eis bereits betreten hatte und sich in Richtung Mitte aufmachte. Nur der Eissegler war noch am Ufer. Er brauchte wohl einige Zeit, um sein Gefährt flottzumachen.

Mit einem Seufzer setzte sich Doktor Nadja Serafin an den Tisch und wartete auf das Pfeifen des Kessels.

Draußen auf der glitzernden Fläche kam man nicht gut voran, obwohl es geschneit hatte. Die Glätte darunter machte das Gehen mühsam, und Körber schien die Orientierung verloren zu haben. Peter hatte den Eindruck, ziellos umherzuirren, bis plötzlich dessen Stimme laut in sein Ohr schrillte.

„Ich glaube, da hinten ist es!“

Zuerst sahen sie nur einen Haufen Reisig, wie auch immer der da hingekommen sein musste, doch beim Näherkommen fiel ihnen der Spaten ins Auge, der halb im Schnee steckte.

„Halt!", riefen einer vom THW und von der Wasserschutzpolizei gleichzeitig, denn niemand wusste genau, wo das Loch sein mochte und wie groß es war. Nur mit langen Stangen tastete man sich jetzt vorwärts. Ein Beamter schoss Fotos. Weiter hinten kam ein Schneemobil auf sie zu. Auch der Segler kreuzte gegen den Wind und würde in Kürze bei ihnen sein.

„Äh, welchen Durchmesser hat denn die Stelle, die Sie zum Eisangeln aufgehackt haben?", fragte Peter Kruse.

„Dreißig ungefähr", berichtete Körber und zeigte den Umfang mit seinen Armen.

„Aber da passt doch keiner durch", wunderte sich Peter.

„Hier ist es!", rief einer der Beamten. „Vorsicht, nicht näher kommen!" Mit dem Spaten stocherte er und versuchte den Bereich auszumachen, in dem die gefrorene Fläche noch trug.

„Hatte Ihr Bruder eventuell eine auffällige Jacke an?", wurde Körber gefragt, doch der schüttelte den Kopf.

„Wir wollten nicht erwischt werden", gab er zu.

Der Taucher, der vom Schneemobil gestiegen war und nun langsam wie ein Pinguin auf die Gruppe zuwatschelte, wurde von seinem Kollegen eingewiesen. Man sicherte ihn durch ein Seil, bevor er sich auf den Rand des Eisloches setzte, das viel größer war als von Jakob Körber beschrieben.

„Ey, das sind aber locker 60 Zentimeter", sprach Peter ihn nochmals an.

„Dann muss da wohl zusätzlich was abgebrochen sein", fiel dem Bruder des Vermissten als Erklärung ein.

„Und ich dachte, in diesem moorigen Tümpel kann man stehen", seufzte Kruse, der beinahe zwei Meter maß.

„Meistens schon", erklärte einer von der Wasserschutzpolizei, „aber hier verlaufen Gräben. Da können es dann auch schon mal knapp drei Meter anstatt anderthalb werden."

Auf ein Zeichen hin ließ sich der Mann im Neoprenanzug ins kalte Wasser gleiten und war augenblicklich nicht mehr zu sehen.

„Ziemlich trüb und morastig", sagte Kommissar Martin Siebrecht von der Wasserschutzpolizei. „Schwer, jemanden in dieser Suppe zu finden."

Er sollte recht behalten. Nach gut einer Viertelstunde erschien der Taucher wieder im Eisloch, spuckte sein Mundstück aus und atmete einmal tief durch.

„Keine Chance, da in Reichweite etwas zu finden", erklärte er. „Ich habe alles kreisförmig bis zum Seilende abgesucht. Schätze, der Mann wird abgetrieben sein. Wir müssen das Tauwetter abwarten."

Jakob Körber versank noch mehr in seiner zu großen Jacke.

„Wie soll ich das seiner Verlobten erklären. Sie haben sich erst zu Heiligabend …" Er schluchzte.

„Es wäre vielleicht besser, wenn ihn nun jemand an Land bringt", bat Peter Kruse und setzte auf die Beamtin, die Körber gerade die Schulter tätschelte.

Sicher würde am Ufer längst jemand Professionelles warten, der sich mit psychischen Ausnahmesituationen auskannte und helfen konnte.

„Ich nehm ihn auf dem Schneemobil mit", versprach der Taucher, der seine Montur aus Neopren anließ und schnell einen Overall überzog. Flaschen, Brille und Flossen würde er den Kollegen überlassen. Dann düste er mit Jakob Körber los.

Oberkommissar Peter Kruse sah den beiden nach und hatte ein komisches Gefühl. Intuition war der Warnruf der Lebenserfahrung. Hier stimmte irgendetwas nicht, raunte es in ihm. Also beschloss er, noch einmal etwas genauer hinzusehen. Was erschien ihm merkwürdig an diesem Ort? Glücklicherweise war es inzwischen hell genug geworden. Sogar die Sonne schien auf das Eis, als ob sie nicht ahnte, dass sich darunter eine Leiche befand. Denn davon mussten sie nun ausgehen. Mittlerweile war so viel Zeit vergangen, dass es keine Rettung mehr geben konnte, selbst bei günstigsten Schätzungen nicht. Justus Körber war tot.

„Wollen wir dann auch?", fragte Kommissar Siebrecht und riss Peter aus seinen Gedanken.

„Eigentlich würde ich mich gerne noch ein bisschen umschauen", erwiderte Peter zögerlich. Er wollte dem Kollegen von den Enten nicht ins Handwerk pfuschen. Aber wenn der jetzt hellhörig wurde, schadete es ja nichts.

Siebrecht sah ihn verdutzt an.

„Ein bedauerlicher Unfall zweier junger Brüder, von denen einer leider nicht überlebt hat. Was gibt es da noch zu sehen?", erkundigte er sich.

„Spuren?“, kam es leicht sarkastisch von Peter. „Ich meine, falls es kein Unfall war.“

Martin Siebrecht lachte. „Auf dem Eis, nachdem wir alle hier herumgetrampelt sind? Für mich klang die Geschichte schlüssig, die der Körber erzählt hat.“

„Sicher“, antwortete Peter. „Wenn ich einen Mord genau plane und ausführe, sind meine Erklärungen hinterher auf jeden Fall schlüssig. Es sei denn, ich mache einen Fehler.“

„Mord?!“ Siebrecht fand, dass der Kerl aus Bückeburg eine sehr lebhafte Fantasie hatte. „Wir wollen doch mal die Kirche im Dorf lassen, aber schauen Sie sich ruhig in aller Ruhe hier am Eisloch um.“ Er musterte Peter und seine Plauze schmunzelnd. „Da hindurch passen Sie ja wohl nicht. Ich meine, falls Sie beim Ermitteln zu dicht rangehen, trotz der Absperrung.“

Das war wirklich frech, aber Peter konnte einen guten Spaß vertragen, und er wusste eins: Hinten war die Ente fett! Im wahrsten Sinne des Wortes! Der Siebrecht würde ganz schön blöd aus der Wäsche gucken, wenn er recht hatte mit seiner Mordtheorie.

„Ja, ja“, sagte er deshalb grinsend. „Keine Bange. Ich würde da sowieso wie ein Korken stecken bleiben und könnte noch nach Hilfe rufen.“

Nun musste Siebrecht laut lachen. Humor hatte er ja, der Herr Oberkommissar. „Da geb ich dir doch zur Sicherheit meine Nummer“, sagte er und steckte dem Kollegen eine Visitenkarte zu. „Ich heiße übrigens Martin, wie du sehen kannst. War mir ein Vergnügen.“

„Mir auch! Peter übrigens“, rief er ihm hinterher und winkte noch.

Dann war er allein.

Allein mit sich und der Vermutung, dass hier nicht alles mit rechten Dingen zugegangen war. Schade, dass sein Kollege und Freund Hauptkommissar Wolf Hetzer mit seiner Nachbarin Moni Urlaub auf Teneriffa machte. Den hätte er nämlich jetzt gerne angerufen, um seine Bedenken mit ihm zu teilen. Doch da fiel ihm plötzlich der Profiler aus Hannover ein. Mit dem konnte er ziemlich unkompliziert Kontakt aufnehmen, da er dessen Nummer im Smartphone gespeichert hatte. Schon oft hatten sie gemeinsam an Fällen gearbeitet. Dieser würde ihn mit Sicherheit trotz des Feiertages interessieren.

Thorsten Büthe, der gerade mit seiner Familie beim Weihnachtsbrunch saß, wusste sofort, dass etwas Interessantes geschehen sein musste, wenn ihn der Kruse aus Bückeburg an so einem Tag anrief. Er entschuldigte sich und ging nach nebenan. So bekam er nicht mehr mit, dass am Frühstückstisch die Augen gerollt wurden, weil jeder wusste, was gleich passieren würde: Thorsten würde die gemütliche Runde verlassen. Seine Frau Vicci seufzte und zuckte mit den Schultern.

„Ihr wisst ja, wie es ist“, sagte sie und ging zum Garderobenschrank, um Thorstens wärmste Jacke zu holen.

Sie waren ein eingespieltes Team.

Noch immer mit dem Handy am Ohr – jetzt allerdings im Gespräch mit dem Kriminaldauerdienst – schlüpfte Thorsten in den Outdoor-Parka, den Vicci ihm hinhielt, und gab ihr einen Kuss. Zum Verabschieden der anderen blieb keine Zeit. Die Haustür klappte, dann war er weg.

Die Fahrt von Isernhagen nach Mardorf dauerte knapp 40 Minuten, obwohl wenig Verkehr war und der Profiler auf die Tube drückte. Peter hatte das Gefühl, eine Ewigkeit auf dem Eis gewartet zu haben. Seine Ohren schienen abgefroren zu sein, und er freute sich über den soliden Bauchspeck, der jetzt zumindest ein bisschen wie eine Thermoweste wirkte. Als Thorsten schon von Weitem winkte, atmete er auf. Die Sache würde bald ein Ende haben, und er konnte wieder ins warme Wohnmobil zu seiner Nadja schlüpfen. Eine herrliche Vorstellung!

„Mensch, Peter, kannst du nicht ordentlich Weihnachten feiern wie jeder andere? Musst du dir während der freien Tage einen Mord an Land ziehen?“, fragte Thorsten mit einem Augenzwinkern.

„Weggucken liegt mir nicht“, gab Peter zähneknirschend zu, „aber glaub mir, dass ich lieber was …“

„Ja, ja, schon gut“, schnitt Thorsten ihm das Wort ab. „Wo ist der Spaten?“

„Der steckt dort drüben ziemlich tief im Schnee, was mich wundert, denn der wäre doch ein super Hilfsmittel gewesen, um den Bruder aus dem Wasser zu ziehen“, berichtete Peter.

„Hat er nicht?“, erkundigte sich Thorsten.

„Bei der Befragung hier vor Ort hat er nichts dergleichen geschildert“, erzählte Peter weiter. „Nur dass er den Justus mit der Hand zu greifen versucht und sich wegen des zu großen Loches nicht weiter zum Rand getraut hat. Angeblich ist die aufgehackte Stelle nur 30 Zentimeter im Durchmesser gewesen.“

„Ich sehe wenigstens 60“, erwiderte Büthe. „Da passt locker ein Kühlschrank durch.“

„Laut Körber könnte ein Stück weggebrochen sein“, sagte Peter, „aber hast du mal gesehen, wie dick das Eis ist? Meiner Meinung nach bricht da nicht einfach was ab.“

„Halte ich auch für unwahrscheinlich, wenn da nicht zufällig gerade ein Riss durch läuft“, stellte der Profiler fest und schob den Schnee rund um das Loch mit seinem Fuß beiseite. Peter tat es ihm gleich.

„Kein Riss“, stellte er fest. „Meist siehst du das auch sofort an einem geringen Versprung beider Eisplatten, Thorsten.“

„Ja, genau, so ein minimaler Höhenunterschied“, wusste auch der Profiler.

„Mann, wie das früher geknallt hat, wenn so ein Spalt entstand“, erinnerte sich Peter, der beobachtete, wie sich Thorsten aufs Eis legte und an das Loch heranrobbte.

„Wo nur der KDD* bleibt?“, wunderte sich Thorsten.

„Die haben es sich bestimmt auch alle zu Hause gemütlich gemacht“, gab Peter zu bedenken. „Sei bloß vorsichtig!“

„Du hast nicht zufällig ein Seil dabei?“, fragte Thorsten und zog seine Handschuhe aus.

Peter schüttelte den Kopf. „Nur ’n Schal.“

„Nee, lass man erst. Friert schon wieder zu, die Suppe. Ich will mal sehen, wie dick das Eis überhaupt ist“, sagte Thorsten und klopfte die neue Schicht auf. Dann fühlte er unter Wasser entlang der Abbruchkante einmal ringsherum. An einer Stelle knisterte es verdächtig. Peter hielt den Atem an, aber es ging alles glatt.

Mit einem wissenden Grinsen erhob sich der Profiler wieder vom Eis.

„Hat dich nicht getäuscht, deine Intuition“, erklärte er dem Bückeburger Kollegen. „Da, wo es geknirscht hat, ist die Eisdecke viel dünner. Jemand muss sie vorab bearbeitet haben. Liegend konnte sie mich tragen, aber ich wette, dass du einkrachen wirst, wenn du dich draufstellst.“

„Was soll das denn heißen?“, entrüstete sich Peter beleidigt.

„Sinnbildlich“, versuchte Thorsten die Situation zu retten. „Ein Kind könnte da vermutlich locker stehen, aber wir Erwachsenen nicht.“

„Verstehe“, sagte Peter wohlwollend, denn er freute sich insgeheim über das Lob des Profilers. „Du meinst also, jemand – vielleicht der Bruder – ist vorher schon auf dem See gewesen und hat eine Art Falle vorbereitet?“

„Sieht so aus“, bestätigte Büthe.

**KDD: Kriminaldauerdienst*

„Krass!", entfuhr es Peter. „Aber es hatte geschneit. Bisschen schwer, so eine Stelle auf dem großen See wiederzufinden. Könnte nämlich auch sein, dass man selbst im Loch verschwindet."

„Das stimmt", gab Thorsten zu, „aber genau das werden wir jetzt versuchen herauszufinden."

Beide sahen sich um.

„Das Reisigbüschel", fiel Peter ein. „Ich hatte mich schon von Anfang an gewundert, was das hier mitten auf dem Tümpel zu suchen hat, aber ich war davon ausgegangen, dass es mit dem Wind über die Fläche getrieben worden ist."

„Ja, sieht auch wie zufällig aus", gab Thorsten zu. „Komm, wir wollen es mal genauer untersuchen."

Bewegung tat gut. Noch immer war nichts und niemand am Ufer auszumachen. Das Einsatzteam ließ sich Zeit – aus welchen Gründen auch immer.

„Ich kann mich nicht erinnern, dass es in den letzten zwei Wochen Tauwetter gegeben hat", überlegte Thorsten laut.

„Nee, bestimmt nicht, das ist schon ewig saukalt", bestätigte Peter.

„Aber guck mal, die kleinen Zweige sind hier tief im Eis eingefroren." Büthe zeigte auf seine Entdeckung.

„Vielleicht liegt das Gestrüpp schon seit Anfang des Frostes hier rum", überlegte Peter laut.

„Gib mal den Spaten", bat Thorsten und begann auf die Stelle einzustechen. Sie lag etwa zwei Meter neben dem Rand des Loches.

Peter sah einen Moment lang zu, wie der Ältere sich abrackerte, dann nahm er ihm das Werkzeug aus der Hand. Im Nu war das gesamte Büschel aus dem Eis gestochen und lag im Schnee.

„Danke", sagte Thorsten. „Drehen wir es auf die Seite", schlug er vor und betrachtete den Klotz samt Gestrüpp. „Ziemlich tief drin. Ich bin mir eigentlich sicher, dass das Eis in dem Moment noch nicht stark genug war, das Büschel zu tragen. Es müsste auf einer sehr dünnen Schicht gelegen haben, um so einzufrieren. Außerdem sieht es so aus, als sei die Oberfläche nicht ganz glatt, eher so wellenförmig."

Peter ging näher ran. „Und was ist das Schwarze da? Siehst du die Partikel? Sie treten an dieser Stelle gehäuft auf." Vorsichtig hauchte er und rieb einen handtellergroßen Fleck blank.

Der Teil der Zweige, den sie nun vor sich sahen, wirkte wie in Kunstharz gegossen.

„Das Wasser ist durch den Morast ziemlich trüb", wusste Thorsten. „Vielleicht sind es Schwebstoffe."

„Und warum sieht der eine Ast da wie angekokelt aus?", fragte Peter. „Ich würde meinen Pöter drauf verwetten, dass dies schwarze Zeug Ruß ist?"

„Mensch! Sicher", rief Thorsten. „Absolut genial! Dass dir das aufgefallen ist. Du musst ja Luchsaugen haben. Mit meinen ist es wohl nicht mehr so weit her. Das werden wir genauestens untersuchen lassen."

„Na, kleine Jungs werden wohl kaum in der Seemitte gezündelt haben", mutmaßte Peter. „Hast du dieselbe Idee wie ich?"

„Wenn du auch meinst, dass jemand das Eis mit Feuer aufgeweicht hat, um dieses Büschel genau dort und zwar als Markierung zu platzieren, dann ja", erwiderte Thorsten.

„Genau", sagte Peter und nickte, „aber wie sollte man wissen, ob man sich links, rechts, ober- oder unterhalb der markierten Stelle befindet? Mit einem Fixpunkt allein kann man gar nichts anfangen. Da muss irgendwo noch was sein."

Die beiden Männer waren voll Feuereifer. Sie waren sich jetzt sicher, auf der richtigen Fährte zu sein. Es war wie bei einem Wolf oder Hai. Sie hatten den Duft des Blutes in der Nase. Jäger auf Beutefang.

„Wir müssen was Stichhaltiges finden", seufzte Peter. „Bisher könnte es für alles auch natürliche Ursachen geben. Damit können wir keinen Täter festnageln."

„Lass uns danach suchen", schlug Thorsten vor. „Wie würdest du es machen, wenn du einen Mordplan hättest?"

Ganz weit hinten am Ufer sahen sie jetzt, dass der KDD eingetroffen war.

„Hm, wenn ich einen kreisrunden Ort genau festlegen wollte, würde ich wahrscheinlich ein Dreieck wählen", sprach Peter seine Gedanken laut aus.

„Warum kein Quadrat?", erkundigte sich Thorsten.

„Ganz einfach: so wenig Aufwand wie möglich", erklärte Peter. „Einen Kreis oder in diesem Fall ein Eisloch kannst du gut durch ein gleichschenkliges Dreieck beschreiben. Bei einem Rechteck müsstest du vier Stellen markieren."

„Klingt logisch", antwortete Thorsten. „Los, wir fegen den Schnee hier im Umkreis auch noch weg. Mal sehen, was so alles zum Vorschein kommt. Ich bin gespannt."

„Die Markierungen müssten im selben Abstand zum Loch zu finden sein, also quasi auf einer Kreislinie drum herum", sagte Peter.

„Ich hab vielleicht was", rief Thorsten ihm zu. „Hier ist ein Stein, von dem man nicht weiß, warum er in der Seemitte im Eis liegt und halb rausguckt."

„Stimmt, der wäre an diesem Ort nie eingefroren, es sei denn, man hätte ihn später hingelegt", bestätigte Peter die Vermutung des Profilers. „Fehlt nur noch Puzzleteil Nummer drei. Es müsste exakt in derselben Entfernung von beiden anderen Punkten liegen. Hast du was zum Messen dabei?"

Büthe tippte sich an die Stirn. „Ich bin sofort ins Auto gesprungen. Es war doch auch erst mal nur darum gegangen, ob an deinem Verdacht was dran ist. Werkzeug hab ich keins dabei. Du könntest höchstens meinen Schal nehmen."

„Super Idee, wir knoten unsere beiden zusammen, dann müssten sie lang genug sein", schlug Peter vor.

Es war zwar etwas merkwürdig, auf diese Art und Weise vorzugehen, konnte aber das Verfahren beschleunigen, denn sie wussten dann genau, wo sich das dritte Teil verbergen musste, wenn sie denn recht hätten.

„Ich schätze, wir benutzen die zwischen den beiden ersten Stellen gemessene Länge dann wie einen Zirkel vom Stein und vom Büschel aus. Wo sich die Linien kreuzen, müsste es sein", vermutete Büthe.

„Exakt!", stimmte Peter zu. „Zeichnen wir die beiden Bögen doch direkt aufs Eis."

Mit der doppelten Schallänge ermittelten sie den genauen Abstand und schlugen ein Ende um. Nun hatten sie die Entfernung. Dann beschrieben sie einen Halbkreis um jeden schon vorhandenen Messpunkt, auf dass sich die Linien schnitten. Peters Zeigefinger fungierte als Nadel des Zirkels. Anschließend hauchten und rieben sie die kalte Oberfläche blank. Das Ergebnis war allerdings ernüchternd.

„Wie du siehst, siehst du nix", stöhnte Thorsten Büthe. Das hatte er sich anders vorgestellt.

Peter vergrößerte die Stelle noch etwas, denn der Schal war dehnbar und daher nur eine sehr ungenaue Maßeinheit.

„Mist, ich hätte jetzt einen Blinker vom Angeln, einen Schwimmer oder eine Wurmdose beziehungsweise etwas Ähnliches da drin vermutet. Einen Gegenstand, der zu einem kleinen Teil herausragt", ärgerte sich Thorsten.

Aber Peter kniete noch und suchte das Areal zentimeterweise ab. Er wollte nicht aufgeben. Seine Theorie war genial, fand er.

„Der KDD ist bald da", sagte Thorsten mit Blick in Richtung Mardorf.

„Guck mal, hier ist, glaube ich, ein Kronkorken eingefroren, aber das kann man wohl kaum für eine Markierung halten. Unter dem Schnee, da in der Eisschicht, hätte man sie niemals gesehen", stellte Peter fest.

„Zeig mal!", bat Thorsten und bückte sich. Mit dem Smartphone leuchtete er schräg auf die Fläche. „Hm, der Teil von einer Bierflasche ist das nicht, denke ich, aber ob es was Schwimmendes war, das zufällig genau an dieser Stelle, die für uns relevant ist, eingefroren ist, möchte ich auch nicht glauben. Lass es uns raushauen. Ist doch höchstens fünf Zentimeter tief."

Peter hatte den Spaten schon am Wickel.

„Weißt du, was mich am meisten nervt?", fragte er seinen Kollegen, während er stocherte. „Mit all diesen natürlich vorkommenden Dingen können wir dem Täter rein gar nichts nachweisen. Dabei sind wir doch inzwischen beide davon überzeugt, dass es kein Unfall gewesen ist."

„Wohl wahr", gab Thorsten zu, „aber so ist es eben manchmal. Man kennt den Mörder und kriegt ihn trotzdem nicht zu fassen. Weißt du, das hier ist auch echt sehr schlau ausgedacht. Wenn die Temperaturen steigen und die Schmelze einsetzt, dann fallen der Stein und dieses komische Dingsbums da auf den Boden des Sees. Das Büschel treibt einfach davon und nichts erinnert mehr an einen hinterhältigen Plan."

„Ich will den aber drankriegen", schimpfte Peter und stieß den Spaten ins Eis. „Dem Arsch hab ich auch noch meine Jacke geliehen. Ich könnte mich in meinen Eigenen beißen."

„Warte, da ist es", sagte Thorsten und hielt den anderen zurück. Dann hob er den Gegenstand auf. Als er sah, was es war, grinste er und schlug Peter auf die Schulter. „Du kannst dich beruhigen. Ich schätze, wir haben das Schwein!"

Jakob ahnte von all dem nichts. Man hatte mit ihm gesprochen, ihn getröstet und anschließend nach Hause gebracht, um ihn dabei zu unterstützen, der Familie das Unvermeidliche schonend zu übermitteln. Nun saßen sie alle im Wohnzimmer vor einem Tannenbaum, der seinen Glanz verloren hatte. Im Grunde genommen tat es Jakob sogar ein bisschen leid, dass er seinen Bruder nun nie mehr wiedersehen würde, aber dessen Verlobte im Arm zu halten, während sie ihren Schmerz an seiner Brust ausweinte, das hatte schon was. Es war fast wie früher und tat ihm gut. Vermutlich konnte es einige Zeit dauern, bis sie zu ihm zurückfand, aber dass es so kommen würde, dessen war er sich gewiss.

Körber schwelgte also in einer Art Wohlgefühl, das von gelegentlichem Schauern begleitet war, wenn ganz kurz der Gedanke an seine Schuld aufblitzte. Sofort schob er ihn von sich fort. Es war nur eine Frage der Zeit. Nach und nach würde es ihm gelingen, die Tatsache in seinem Bewusstsein zu verankern, dass es ein bedauerlicher Unfall gewesen war und dass er Justus nicht hatte retten können.

Als es an der Tür klingelte, rechnete er daher mit nichts Schlimmem. Wer konnte schon wissen, wer alles kondolieren kam? Aber dass ausgerechnet der nette Mann vom Campingplatz, der ihm die Jacke geliehen hatte, plötzlich vor ihm stand und ihn verhaften wollte, ließ seine Gesichtszüge entgleisen.

„Das muss ja wohl ein Missverständnis sein", schimpfte er vor den Augen seiner Angebeteten und denen der Verwandten, als ihm Handschellen angelegt wurden.

Thorsten Büthe, Leiter der Operativen Fallanalyse beim LKA Hannover, der als Profiler schon fast alles gesehen hatte, tastete Körber ab und zog dessen iPhone aus der hinteren Hosentasche. Dann hielt er es vor das Gesicht des Mannes, um das Gerät zu entsperren.

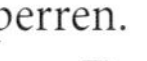

„Darauf werden sie nichts finden", behauptete Jakob Körber selbstsicher. „Keine Mail, keine SMS, rein gar nichts, dessen Sie mich beschuldigen könnten."

Aber Büthe rief die App „Wo ist?" auf und hielt sie dem Verhafteten vor die Nase.

Dem schwante Unheilvolles. Damit hatte er nicht gerechnet. Er hatte doch alles so gut getarnt und sogar etwas Laub über das AirTag gestreut. Wie hatten sie es finden können? Es musste sich beim Gefrieren verschoben haben, sodass es von der Oberfläche aus zu erkennen gewesen war.

„Sehen Sie, hier ist der kleine Verräter", sagte Büthe und zog einen durchsichtigen Beutel aus seiner Jacke. Darin konnte man einen runden Gegenstand sehen, der etwas größer als ein Kronkorken war und dabei eine weiße sowie eine silberne Oberfläche hatte. „Das muss doch Ihrer sein, oder?"

Jakob schüttelte vehement den Kopf. Die Verlobte seines Bruders wurde leichenblass.

„Doch, doch", widersprach Peter, der mit aufs Display geschaut hatte. „Sonst würde Ihr Handy das gar nicht unter ‚Objekte' anzeigen. Eben stand mitten auf der Karte vom Steinhuder Meer noch: ‚Judas wurde zurückgelassen. Er befindet sich nicht mehr in deiner Nähe.' Aber jetzt – wie durch ein Wunder – ist dieser Judas plötzlich genau hier. Wie können Sie mir das erklären?"

„Keine Ahnung, woher soll ich das wissen?", brummte Jakob. „Ich kenne keinen Judas."

Was nun geschah, damit hatte niemand gerechnet. Mit einem Schrei stürzte sich die Verlobte des Toten auf Jakob.

„Du Schwein, hast du Justus umgebracht, weil du mich nicht behalten konntest?", brüllte sie ihn an. „Er war kein Verräter. Wir hatten uns längst getrennt. Hast du das vergessen? Ich wollte dich nicht mehr, weil du ein narzisstisches Arschloch bist. Es hat ewig gedauert, bis sich Justus auf mich eingelassen hat, eben weil er dein Bruder war."

Jakob schwieg, während Thorsten Büthe versuchte, die Frau zu beruhigen.

„Ah, darum die Bezeichnung ‚Judas'", sagte Peter, „verstehe. Sie fühlten sich von ihrem Bruder verraten. Und deshalb musste er weg."

„Mein Junge, sag, dass das nicht wahr ist …", schluchzte die Mutter der Brüder Körber.

„Wir klären das alles in Ruhe auf dem Präsidium", verkündete Profiler Büthe und schob den Beschuldigten in Richtung Haustür.

„Scheiß Familie", knurrte Jakob beim Rausgehen, „immer ging es nur um Justus. Sogar jetzt noch. Für die habe ich gar nicht existiert."

„Ein Glück", erwiderte Peter, „dann wird Sie jetzt auch niemand vermissen, wenn Sie wegen Mordes für viele Jahre in den Knast gehen."

Jakob lachte böse.

„Warum? Weil mir neulich das AirTag von meinem Rucksack abgefallen ist, als ich dort schon mal angeln war?"

„Das lassen Sie mal unsere Sorge sein", antwortete Thorsten Büthe gelassen und schloss hinter ihm die Tür des Streifenwagens, den sie angefordert hatten. Dann fuhren die Beamten mit ihm davon.

Mittlerweile war es fast Mittag geworden. Oberkommissar Peter Kruse knurrte der Magen. Vor allem, wenn er an die leckeren Frikadellen im Kühlschrank des Wohnmobils dachte.

„Lust auf einen kleinen Snack in unserer guten Stube, bevor du wieder nach Isernhagen abdüst?", fragte er.

„Unbedingt!", erwiderte Thorsten. Man hatte ihn schließlich vom Frühstückstisch weggerissen.

„Glaubst du, dass die Indizien und die Existenz des AirTags ausreichen, um den Kerl schön lange wegzusperren?", wollte Peter während der Rückfahrt zum Campingplatz nach Mardorf wissen.

„Ich bin mir ziemlich sicher", antwortete der Profiler. „So ein kleines GPS-Ortungsgerät namens AirTag verrät mehr, als er weiß, und die geometrische Form der drapierten Gegenstände sprechen für sich. Außerdem wird sich feststellen lassen, dass das Eis an den Stellen absichtlich angetaut worden ist. Thermische Verformung und Rußpartikel, Brandstellen an einigen Zweigen. Dann noch der Spaten, den er nicht zur Rettung benutzt hat. Das sind ein paar Zufälle zu viel. Und wenn wir Glück haben, gesteht er vielleicht sogar noch."

„Na super, dann werde ich heute Nacht gut schlafen können", freute sich Peter.

Erleichtert fuhren sie durch die verschneite Landschaft zu Nadja zurück, die schon gespannt auf das wartete, was die beiden zu erzählen hatten.

Die Probe

Fast gleichzeitig hörten sie ihn: den gellenden Schrei und den Aufschlag. Zwischen beiden akustischen Ereignissen war beinahe keine Zeit vergangen, vielleicht der Bruchteil einer Sekunde. Sie erfolgten so unmittelbar aufeinander, dass der schrille Laut in den dumpfen überging und in ihm verklang. Begleitet von den Instrumenten, die ihre Passage aus „Flößt mein Heiland, flößt dein Name“ noch spielten, weil der jähe Fall den Musikern entgangen war. Es war einfach allcs so schnell gegangen.

Umso langsamer breitete sich das Blut rund um den Kopf der jungen Frau aus, die eben noch als Echo-Engel die kurzen Rufe „Ja, ja“ oder „Nein“ von der Orgelempore gesungen hatte. Es war das jähe Ende der Generalprobe des Weihnachtsoratoriums in der Hamelner Marktkirche.

Dabei hatte der Nikolaustag so unglaublich schön begonnen. Strahlende Sonne lag über dem verschneiten Weserbergland. Die Nacht war mit minus 16 Grad ungewöhnlich kalt gewesen, weswegen der Schnee knirschte, als Hauptkommissar Wolf Hetzer zu Hause ausstieg und mit der Brötchentüte zum Haus zurückging. Seine um einige Jahre ältere Nachbarin Moni Kahlert lag noch in seinem Bett. Dort war sie in letzter Zeit häufiger anzutreffen, wovon allerdings noch niemand wusste. Heute war sie von Wolf dazu verdonnert worden, auch dort liegen zu bleiben, bis er sie rufen würde. Gespannt hörte sie ihn unten werkeln und streckte sich einmal lang aus. Dann hörte sie ihn, wie er leise die Stufen hinaufstieg, und sah ihn an der Schlafzimmertür grinsen. Er machte es spannend, denn er wedelte mit einem Seidenschal. Moni, gespannt wie ein Flitzebogen, stieg aus dem Bett und schlüpfte in Wolfs Bademantel. Anschließend war sie mit verbundenen Augen treppabwärts in der alten Kate zum Frühstückstisch geführt worden. An diesem Sonnabend vor dem zweiten Advent wollte er sie verwöhnen. Es war schließlich Nikolausi, und es machte ihm Spaß, Moni glücklich zu sehen. Das hob ihn von allen Männern ab, die sie je gekannt hatte.

Moni schmunzelte immer noch ein bisschen darüber, dass sich ihr Nachbar, der Herr Hauptkommissar Hetzer, so nach und nach in ihr Herz geschlichen hatte, obwohl er wie gesagt viel jünger war als sie. Aber mittlerweile war das nicht mehr wichtig. Zeit und Raum hatten keine Bedeutung mehr, und die Liebe brauchte ohnehin keine Rahmenbedingungen.

Erst als sie saß, nahm er ihr die Augenbinde ab. Alles war perfekt: Milchkaffee, Eier, frische Brötchen, das Zottelfell mit vier Beinen unter dem Tisch und ein Umschlag mit geheimem Inhalt.

„Mach ruhig auf!“, sagte er und grinste wie ein Honigkuchenpferd.

Lady Gaga streckte sich wohlig an der Seite von Monis Füßen aus und brummte genüsslich. Eigentlich war sie einmal Wolfs Dienstkollegin gewesen und nun reines Familienmitglied, aber auch hier verwischten sich die Grenzen zwischen mein und dein. Lustig war nur, dass ihr Gegenüber darauf bestand, dass sich die Sängerin nach seiner Hündin benannt hatte. Das war schräg.

„Ich hab aber gar nichts für dich“, bedauerte Moni und wärmte sich ihre Füße im Fell der Hundedame. „Ich dachte, wir wollten uns nichts …“

„Wollten wir auch nicht“, fiel Wolf ihr ins Wort. „Ist nicht zu Nikolaus. Außerdem hab ich auch was davon. Keine Bange. Los, nun mach endlich auf!“

Er konnte es kaum abwarten, was Moni für Augen machen würde.

Leise raschelte es, als der Umschlag geöffnet wurde, dann zog sie zwei Karten und einen Brief hervor. Im selben Moment wurde sie rot, fast bestürzt.

„Zwei Karten fürs Weihnachtsoratorium?“, fragte sie vorsichtig. „Aber du weißt doch, dass ich morgen unmöglich hingehen kann. Darüber hatten wir gesprochen.“

„Eben“, erwiderte Wolf mit einem Lächeln, „und darum gehen wir ja auch heute zusammen da hin. Ich weiß doch, wie sehr du es bedauert hast, die Aufführung nicht hören zu können.“

„Ich verstehe nicht“, sagte Moni verdattert. „Das Konzert ist doch erst morgen.“

„Stimmt, aber die Generalprobe findet heute statt, und ich habe daher ein bisschen improvisiert. Mein Hamelner Kollege Andreas Mahler ist ein Freund des bekannten Kantors Salvinius. Deswegen dürfen wir ausnahmsweise bei der Generalprobe mit dabei sein. Die Karten gelten quasi für heute, natürlich nur für uns“, erklärte Wolf.

Ein Strahlen huschte über Monis Gesicht.

„Das ist ja unfassbar – unfassbar schön! Danke!"

„Ich will doch nicht, dass mein Schatz traurig ist. Also tue ich alles Menschenmögliche, um diesen Zustand zu verhindern", sagte er. „Wir müssen allerdings etwas später zu Abend essen, denn es geht um Punkt fünf los. Dafür lade ich dich anschließend auf dem Rückweg in den ‚Schaumburger Ritter' ein. Na, wäre das eine Idee?"

„Glaubst du im Ernst, dass du da so spontan noch einen Tisch bekommst?", neckte sie ihn. „Es ist Vorweihnachtszeit. Wir können uns auch zu Hause was Leckeres zaubern."

„Längst reserviert", antwortete er mit einem Augenzwinkern und strich sich die Butter auf sein Croissant.

„Du bist echt nicht mit Gold zu bezahlen", freute sich Moni.

Sie lehnte sich entspannt zurück, um ihren Milchkaffe zu genießen. Der Tag versprach wundervoll zu werden.

Leider war das nur bis zu jenem denkwürdigen Moment der Fall, als die Sopranistin auf dem hellen Marmorboden aufschlug. Danach war nichts mehr wie vorher. Jegliche besinnliche Stimmung war dahin. Im ersten Augenblick schien das Gotteshaus in Schockstarre zu verharren, doch dann wurde es hektisch. Einige liefen schreiend nach draußen, andere weinten. Selbst Hauptkommissar Wolf Hetzer – sonst mit allen Wassern nach jahrzehntelanger Diensterfahrung gewaschen – musste einmal kurz schlucken. Dann jedoch zischte er Moni zu, sie solle sich umdrehen und auf ihn warten, bevor er selbst sein Smartphone aus der Tasche zog und zum Bereich unterhalb der Orgel lief. Eine junge Frau, die schräg verdreht in unnatürlicher Position auf dem Rücken lag, sah ihn mit verklärtem Blick an. Es erinnerte ihn an ein Marienbildnis, das er einmal irgendwo gesehen hatte. Spontan wusste er jedoch nicht mehr, wo das gewesen war. Wegen der dunklen Locken fiel die Blutlache kaum störend auf. Sie hatte sich bis über die Haarspitzen hinaus um sie herum ausgedehnt, als läge sie auf einem Samtkissen. Hetzer fühlte ihren schwachen Puls und hatte wenig Hoffnung, als er die 112 rief, während er ihre Hand hielt. Immer kraftloser lag sie in seiner, bis sie ihr schließlich entglitt und zu Boden sank. Das Leben war langsam aus ihr wie die Luft aus einem punktierten Ballon entwichen. Übrig blieben Hüllen von unterschiedlicher Kostbarkeit. Es würde Menschen geben, denen die Frau alles bedeutet hatte, dachte Wolf betrübt. Ihre geweiteten Augen waren zur Decke des Kirchenschiffs gerichtet und wirkten fast ein bisschen erstaunt. Vielleicht über das eigene jähe Ende, mit dem sie nicht gerechnet hatte? Es war wohl kaum absehbar, in so jungen Jahren schon aus dem Leben zu scheiden. So wie auch eine Knospe niemals ahnt, dass man sie vor dem Öffnen pflückt, damit sie in der Vase eines Zimmers erblühen kann. Wo war er jetzt, der Echo-Engel? Was ließ ihn eine Weile über den Tod hinaus existieren? Schwebte er noch um Orgelpfeifen und Glaslüster? Besah er sich das Rattenfängerfenster aus der Nähe? Oder verband er sich mit all den Tönen und Akkorden des Weihnachtsoratoriums, die – vom Unfall verschreckt – zurückgewichen waren und in Ecken und Nischen lauerten. Anderthalb Stunden wunderbarer Klang waren bis zum Aufprall vergangen. Das Werk blieb so unfertig wie das Leben der Verblichenen. Beides hatte ein Ende ohne Schlussakkord gefunden. Niemand dachte jetzt an Weihnachten oder die Musik.

Wolf riss sich aus seinen Gedanken. Für die Frau konnte er nichts mehr tun, außer ihre Augen zu schließen. Dann stand er auf.

Die Anwesenden, die bis jetzt zumeist regungslos an ihrem Platz geblieben waren, sahen einen Mann, der sich plötzlich laut räusperte und zu ihnen sprach.

„Bitte bewahren Sie Ruhe und bleiben genau dort, wo Sie sich jetzt befinden. Mein Name ist Hauptkommissar Wolf Hetzer. Wir werden gleich Unterstützung bekommen. Gehen Sie bitte davon aus, dass Sie im Rahmen der Ermittlungen befragt werden. Die Aussage jedes Einzelnen ist wichtig. Vielen Dank."

Von ferne hörte Wolf die Sirene des Rettungswagens. Er nickte Moni zu, die mit traurigem Blick in der Kirchenbank saß. Dann ging er in Richtung Kirchenpforte, um das Einsatzteam zu empfangen und hinsichtlich der Lage zu informieren. Es war keine Eile mehr vonnöten. Auch seinen Hamelner Kollegen Mahler sah er auf sich zukommen. Der schüttelte nur den Kopf, als er Hetzer sah.

„Da lässt man dich einmal an einem Kulturereignis außer der Reihe teilnehmen, und schon ist man auch an einem Samstag im Dienst. Dabei könnte ich schön zu Hause zu sitzen und an meinem Nikolausstiefel knabbern oder woran auch immer", stöhnte er. „Scherz beiseite. Weißt du schon, wer sie ist?"

Hetzer schüttelte den Kopf. „Ich hatte noch keine Gelegenheit, jemanden zu fragen."

„Wo ist die Leiche?", fragte es plötzlich von unten.

Niemand hatte die Rechtsmedizinerin informiert, geschweige denn sie kommen sehen. Das allerdings war keine Kunst, denn Hiltrud Oetking war nur knapp über eins fünfzig. Eine dürre, knochige Alte mit Kopftuch aus schottischer Wolle gegen die Kälte draußen. In Unkenntnis ihrer Funktion hätte man dem Mütterchen wahrscheinlich über die Straße geholfen.

„Nur ein paar Meter geradeaus, unterhalb der Orgel", erklärte Wolf Hetzer der Dame und musste unwillkürlich an die verstorbene Queen denken. „Wo ist Doktor Brandt?", fragte er seinen Kollegen Mahler.

„Im Weihnachtsurlaub", seufzte Andreas. „Darum müssen wir mit diesem Urgestein vorliebnehmen. Aber täusch dich nicht. Ihr Verstand ist so scharf wie ihr Blick. Sie ist eigentlich schon seit Jahren im Ruhestand, hilft aber zu gerne aus, wenn Not am Mann ist. Ich wette, sie wartet förmlich darauf, mit ihrer Tasche ausrücken zu können. Wir haben sie in Verdacht, den Polizeifunk abzuhören. Kein Wunder also, dass sie schon da ist, bevor man sie gerufen hat."

„Aha", sagte Hetzer. „Und? Wie ist sie so? Harte Schale, weicher Kern?"

Mahler sog leise die Luft ein. „Man nennt sie den Geier", raunte der Hamelner ihm zu. „Gutes Gespür, ergebnisorientiert, wenig tolerant. Am besten, du störst sie nicht und wartest, bis sie uns von sich aus was sagt."

Hetzer nickte. Genauso hätte er sie eingeschätzt. Die Dame von der Rechtsmedizin war eine Frau, der man automatisch Respekt entgegenbrachte. Eine natürliche Autorität umgab sie wie eine Aura.

Die Hauptkommissare Hetzer und Mahler warteten daher wie zwei brave Schuljungs schweigend neben der Leiche, bis sich Doktor Hiltrud Oetking herabließ, ihnen Informationen zukommen zu lassen. Man hatte den Bereich rund um die tote Frau abgesperrt und einen Sichtschutz errichtet. Dahinter ging Hiltrud schweigend ihrer Arbeit nach. Wolf hatte nach der Beschreibung seines Freundes das Bild eines mächtigen Greifvogels im Kopf, der sich über seine Beute beugte und sie beäugte, bevor er mit dem Zerlegen begann. Und so ähnlich würde es ja auch sein.

„Es war Mord", sagte die Rechtsmedizinerin mit einem Mal in die Stille hinein und sah in gleich mehrere verdutzte Gesichter.

Damit hatte nun wirklich niemand gerechnet. Man war von einem bedauerlichen Unfall ausgegangen.

„Sicher?", fragte Hauptkommissar Mahler in seiner ersten Verwunderung.

Ein Blick, der Titanen töten konnte, traf ihn, und er bereute seine Frage schon, während er sie aussprach.

Doktor Hiltrud Oetking erhob sich und stand auf. Sie wirkte plötzlich größer als sie war.

„Oh, Sie können gerne eine Koryphäe aus der Medizinischen Hochschule bemühen, um das einwandfrei festzustellen. Ich wäre dann hier fertig."

„Nein, nein, bitte entschuldigen Sie, meine Liebe", versuchte Mahler die Sache ins Reine zu bringen.

„Keinesfalls bin ich Ihre Liebe", zischte sie drohend.

„Natürlich nicht", beeilte sich der Hamelner Kommissar zu sagen, „ich wollte damit nur ausdrücken, dass wir Ihrer Expertise zu 100 Prozent vertrauen. Wir waren nur etwas überrascht."

„Darüber dass eine junge Frau so mir nichts dir nichts, ganz von allein, von der Empore fällt?", bohrte sie nach. „Selbstverständlich! Das muss Ihnen seltsam vorgekommen sein. Wieso sollten Sie also von meiner ersten Untersuchung überrascht sein?"

„Nun, da fallen mir etliche natürliche Gründe ein", versuchte Wolf seinem Kumpel das Fell zu retten, „eine Unterzuckerung bei Diabetes zum Beispiel, Drehschwindel infolge einer Halswirbelsäulenproblematik."

„Nicht schlecht", musste Hiltrud zugeben, „aber haben Sie gesehen, wo der Stuhl der Sopranistin steht? Natürlich nicht an der Brüstung. Warum auch? Ist doch viel zu gefährlich. Glauben Sie, dass man bei einer akuten Störung seines Gleichgewichtsgefühls dort oben erst noch herumirrt? Oder sackt man vielmehr an Ort und Stelle zusammen?"

Das war ein Argument, mussten die Männer insgeheim zugeben.

„Haben Sie denn Abwehrspuren entdecken können?", erkundigte sich Mahler.

„Nein", erwiderte Hiltrud spitz. „Sie hat keine. Dafür aber erweiterte Pupillen. Ist das denn niemandem aufgefallen?"

Wolf ärgerte sich.

Natürlich hatte er gesehen, dass sie aufgrund der recht guten Lichtverhältnisse im Gotteshaus hätten kleiner sein können, aber der Schock, den sie bekommen haben musste, als sie fiel, den hatte er dafür verantwortlich gemacht.

„Und kommen Sie mir jetzt nicht mit einer Reaktion des vegetativen Nervensystems", fügte die Rechtsmedizinerin hinzu, als ob sie seine Gedanken gelesen hätte. „Wir haben es hier nicht mit vor Schreck geweiteten Augen zu tun, wie man so schön trivial sagt. Ich bin mir sicher, dass sich eine Substanz in ihrem Körper befindet, die den Sturz verursacht hat. Ob sie die nun selbst eingenommen oder verabreicht bekommen hat, das müssen Sie herausfinden. Ich werde Ihnen später sagen, wie sie in die Frau hineingekommen ist. Eine Vermutung habe ich bereits, aber die werde ich für mich behalten, bis ich sie zweifelsfrei beweisen kann. So, und nun möchte ich die Tote schnellstmöglich auf meinen Tisch bekommen. Sie entschuldigen mich?"

Mit diesen Worten stolzierte sie von dannen. Hauptkommissar Andreas Mahler forderte das „große Besteck" an: Kriminaltechnische Untersuchung, Spurensicherung sowie die Bereitschaftspolizei aus Hannover zur Unterstützung. Es mussten viele Anwesende befragt werden. Durch Chor, Solisten und Orchester kamen an die 100 Personen zusammen.

Nachdem sich der Hamelner Kommissar mit Wolf Hetzer ausgetauscht hatte und dieser ihm seine Hilfe zusicherte, beschlossen die beiden, sich auf den engeren Kreis der toten Manuela Habedank zu konzentrieren. Das waren hier vor Ort am ehesten die Solistenkollegen, Chormitglieder sowie der Kantor selbst. Mit ihm wollte man beginnen. Er war immer noch völlig erschüttert. Mit grauem Gesicht saß Salvinius etwas abseits in der Kirchenbank. Wie gemacht für eine erste Befragung.

Auf dem Weg dorthin ließ Wolf seine Moni wissen, dass es noch dauern würde. Es tat ihm unendlich leid, doch sie lächelte ihn an und strich ihm über die Wange.

„Der Tag ist noch lang", sagte sie mitfühlend und sah ihm nach. Dann hüllte sie sich etwas fester in ihren Mantel. Es war nicht warm in der Marktkirche.

Salvinius zuckte zusammen, als er von Hauptkommissar Mahler angesprochen wurde. Er wirkte abwesend. Ganz in seine Gedanken schien er versunken. Irgendwo weit weg von all dem Schlimmen, das sich hier ereignet hatte.

„Sie sind der Kantor und Chorleiter Markus Salvinius?", fragte Mahler, obwohl er das natürlich wusste. Es war der belanglose Einstieg in das Gespräch.

Der Angesprochene nickte.

„Ich bin Hauptkommissar Andreas Mahler von der Hamelner Kripo“, stellte er sich vor.

„Schrecklich das alles“, sinnierte Salvinius vor sich hin. „So jung, so hübsch, so eine wunderschöne Stimme.“

„Wie gut kannten Sie Frau Habedank?“, erkundigte sich Mahler.

„Ach, seit einer halben Ewigkeit“, berichtete der Chorleiter. „Zehn Jahre mindestens. Ich kann es noch gar nicht fassen, dass sie einfach so da hinuntergestürzt ist.“

„Ist sie auch nicht“, erwiderte Mahler. „Wir müssen leider von einem Gewaltverbrechen ausgehen. Wissen Sie, ob sie Feinde hatte?“

„Was meinen Sie mit Gewaltverbrechen? Sie denken doch nicht etwa an Mord?“, fragte Salvinius verstört.

Mahler überhörte die Frage absichtlich. „Woher kannten Sie die Solistin und warum stand sie allein da oben auf der Empore?“, erkundigte er sich. „Die anderen vier sind doch auch hier unten beim Orchester.“

Der Chorleiter stutzte kurz. Dann ging ihm ein Licht auf. „Nein, Frau Habedank, besser gesagt Manuela – wir haben uns alle geduzt, müssen Sie wissen –, war Mitglied der Kantorei. Sie sang im Sopran und hatte eine hohe, glasklare Stimme. Ich hatte sie gebeten, den Echo-Engel zu singen. Sonst hätten wir eine weitere Solistin engagieren müssen. Das wäre zu teuer gewesen.“

„Der Echo-Engel singt versetzt mit der Sopranistin, damit es tatsächlich klingt wie ein Echo“, erklärte Wolf seinem Kollegen.

„Genau, es sind einzelne Rufe“, fügte Salvinius hinzu, „und damit es noch mystischer und authentischer klingt, hatte ich mir überlegt, Manuelas Stimme entfernt von oben wie vom Himmel klingen zu lassen.“ Er zuckte zusammen. „Ich konnte ja nicht ahnen …“

„Das ist aber schon eine Sonderstellung innerhalb des Chores“, wandte Wolf Hetzer ein. „Da könnte jemand neidisch gewesen sein.“

„Aber ich bitte Sie, jemanden so ein paar Töne singen zu lassen, ist doch noch keine Auszeichnung“, erwiderte der Kantor, „und ganz gewiss kein Grund, einem anderen Gewalt anzutun. Manuela war außerdem überall beliebt.“

„Gut, wir werden trotzdem die Damen im Sopran befragen“, sagte Mahler. „Wusste denn jeder, dass sie da oben sein würde?“

„Sicher", berichtete der Kantor. „In den letzten Proben hatten wir den Effekt schon getestet."

Mahler nickte und verabschiedete sich.

Die befreundeten Kommissare teilten sich nun auf, um die relevanten Befragungen selbst vorzunehmen, aber etwas Neues erfuhren sie nicht. Das Einzige, was vielleicht erwähnenswert war, schien die Tatsache zu sein, dass die Frau des Chorleiters ebenfalls im Sopran sang. Stefanie Salvinius unterstützte ihren Mann, wo sie nur konnte. Auf die Frage, warum sie nicht den Echo-Engel gesungen hatte, war ihre Antwort plausibel gewesen. Auf keinen Fall hatte sie als Ehefrau des Kantors und Dirigenten im Mittelpunkt stehen wollen. Sie hielt sich grundsätzlich lieber bescheiden im Hintergrund. Nur in der Not wäre sie eingesprungen.

Für die Kommissare Hetzer und Mahler war die Aufgabe des heutigen Tages beendet. Jetzt hieß es warten, bis die Ergebnisse der Untersuchungen vorlagen. Man verabschiedete sich herzlich voneinander und versprach, in Kontakt zu bleiben. Da es inzwischen schon fast neun Uhr war, entschieden sich Wolf und Moni, den Tisch oben bei der Schaumburg auf der Rückfahrt nach Todenmann abzusagen. Keiner von beiden hatte Appetit. Der zu frühe, unnötige Tod der jungen Frau lag ihnen im Magen. Außerdem wollten sie Lady Gaga nicht noch länger allein lassen. Etwas Brot und Käse würden an diesem Abend reichen.

Nun hieß es warten …

Doch mit den Ergebnissen, die nach und nach hereintrudelten, hatte niemand gerechnet. Sie waren zutiefst verwirrend. Hauptkommissar Andreas Mahler bat seinen Kollegen Hetzer, bei der Befragung von Chorleiter Salvinius mit dabei zu sein, nachdem er ihm von den Fakten berichtet hatte. Der stimmte nur zu gerne zu. Seine Neugierde war geweckt.

Markus Salvinius wirkte angespannt, als sich die Kommissare zu ihm setzten.

„Ich denke, wir kommen von Anfang an überein, dass Leugnen in der heutigen Zeit keinen Zweck hat, wenn die Tatsachen für sich sprechen", behauptete Mahler mit fester Stimme.

„Ich weiß nicht, was Sie meinen", tat Salvinius unwissend.

„Oh doch, das wissen Sie ganz genau“, fuhr Mahler fort. „Sie hatten ein Verhältnis mit Manuela Habedank. Wir haben ihr Smartphone ausgewertet.“

„Da müssen Sie mich mit jemandem verwechseln“, versuchte sich der Chorleiter herauszureden. „Sie können gerne auch mein Mobiltelefon untersuchen. Darauf werden sie nichts finden, was auf ein Techtelmechtel schließen lässt.“

„Davon sind wir überzeugt, denn Sie waren nicht dumm und haben ein zweites Prepaid-Handy benutzt. Aber die Art der Nachrichten, der eindeutige Inhalt sowie der Ort, an dem sich das uns unbekannte Smartphone eingeloggt hat, sprechen für sich“, stellte Mahler fest. „Und von einem Techtelmechtel kann keine Rede sein. Wir sprechen hier zumindest von einem außerehelichen Verhältnis, wenn nicht gar von einer festen Beziehung, die zu einer Trennung von Ihrer Frau hätte führen können.“

Salvinius schwieg.

„Wir sind keine Moralapostel“, mischte sich Wolf Hetzer ein. „Wir verurteilen Sie nicht, weil Sie sich in eine andere Frau verliebt haben. Wir möchten nur den Mord an Manuela Habedank aufklären. Und das kann doch auch nur in Ihrem Sinn sein, wenn sie Ihnen so nahestand.“

Mit einem Schluchzen begann der Kantor zu sprechen. „Ja, ich liebte sie“, kam es leise, fast flehend von ihm. „Ich würde alles in der Welt dafür geben, sie wiederzubekommen. Wissen Sie, sie war so ein sanfter Mensch, so klar und rein. Ganz anders als all die anderen Frauen, die ich je gekannt habe.“

„Einschließlich Ihrer eigenen?“, erkundigte sich Mahler.

„Die Steffi und ich sind ein gutes Team“, begann Salvinius, „aber eher wie Bruder und Schwester oder gute Freunde. Über die Jahre sind wir zusammengewachsen. Liebe hat viele Gesichter. Sie muss nicht unbedingt aus Euphorie und Lust bestehen.“

„Hat Ihre Frau das genauso gesehen?“, wollte Wolf Hetzer wissen.

„Wahrscheinlich“, überlegte der Chorleiter laut. „Wenigstens hat sie nie gesagt, dass sie etwas vermisst. Wir hatten schon seit Jahren getrennte Schlafzimmer, weil ich schnarche.“

„Dann führten Sie also eine offene Ehe, wie man so schön sagt?", fragte Andreas Mahler.

„Nein, das kann man nicht behaupten", gab Salvinius zu. „Das hätte ich meiner Frau nie angetan und sie mir auch nicht. Offiziell, also nach außen hin zur Gemeinde und auch untereinander, führten wir eine ganz normale Ehe. Ich hätte Steffi nie mit dem Wissen belastet, dass ich auch noch eine andere liebte."

Lug und Trug, fluchte Wolf Hetzer innerlich. Und wahrscheinlich hatte Stefanie Salvinius wissenden Auges weggesehen.

„Ist Ihre Frau auch fremdgegangen?", hakte Mahler nach.

„Nicht dass ich wüsste", erwiderte er, „aber ich verbitte mir diesen Terminus. Fremdgehen ist etwas Widerliches. Es hat mit Hintergehen und Betrügen zu tun. Das liegt nicht in meiner Natur."

Hetzer dachte an das zweite Handy und musste sich ein bitteres Lachen verkneifen.

„Und was war das, was Sie getan haben?", wollte er wissen.

„Ein Übergang, nur eine Zeit des Übergangs", erklärte der Kantor. „Der richtige Moment zur Trennung von Steffi war noch nicht gekommen. Als Freundin wollte ich sie doch nicht verlieren. Schließlich liebte ich sie immer noch. Mir fehlte eine Idee, wie ich das anstellen sollte."

„Glauben Sie wirklich, dass es Ihrer Frau entgangen ist, dass Sie was laufen hatten?", warf Mahler ein. „Frauen spüren so etwas ganz intuitiv. Soll ich Ihnen mal was sagen? Sie haben gezögert, weil sie beide behalten wollten, aber das hätte keine von beiden mitgemacht. Vielleicht war Ihnen die Affäre auch längst zu heiß geworden, und Sie wollten sie loswerden."

„Was wissen Sie schon!", blaffte Salvinius ihn an. „Ich verbitte mir diese Unterstellung."

„Okay, haben Sie irgendeine Ahnung, wer außer Ihrer Frau ein Interesse gehabt haben könnte, Manuela Habedank umzubringen?"

„Nein! Da gibt es niemanden", schrie der Chorleiter plötzlich und schlug mit der Faust auf den Tisch, „und ich kann mir auch nicht vorstellen, wie das geschehen sein kann. Es war niemand da oben, der Manu hätte schubsen können. Das hätte ich als Dirigent doch gesehen. Wir mussten Augenkontakt halten, sonst wäre sie aus dem Takt gekommen. Im Kirchenschiff verzerrt sich die Akustik. Man kann nicht nach dem gehen, was man hört, und die Rufe hineinsingen. Es geht nur auf mein Handzeichen. Sonst sind die Einsätze verzögert."

„Gut, Sie können vorerst gehen, aber bitte halten Sie sich zu unserer Verfügung, falls noch Fragen auftauchen", bat Hauptkommissar Andreas Mahler.

Anschließend nahmen sie sich Stefanie Salvinius vor.

Die Frau war schwer einzuschätzen. Still und ruhig saß sie da, ließ aber niemanden hinter ihre Fassade schauen.

Andreas begann mit einer quälenden Frage, um an Stefanies „Maske" zu rütteln.

„Ist Ihr Mann schon ausgezogen?", wollte er wissen.

„Nein! Warum?", reagierte sie schockiert.

„Weil er Sie doch verlassen wollte", kam es ruhig von Andreas Mahler.

„Das hätte er nie im Leben getan", behauptete Stefanie Salvinius. „Wir sind nicht nur Ehepartner, sondern auch Freunde. Selbst im Falle einer Scheidung hätte er immer seine Zimmer behalten. Das ganze Haus ist voll von seiner Musik. Ich vergöttere ihn. Er ist ein Genie. Da muss man großherzig sein. Solche begabten Menschen sind besonders."

„Seine Zimmer?", erkundigte sich Wolf Hetzer. „Hat er mehrere, die nur ihm gehören?"

„Oh ja, Klavierzimmer, Musikzimmer und sein Schlafzimmer", erklärte sie. „Unser Haus ist groß. Ich habe die Villa von meinen Großeltern geerbt. Jugendstil, wissen Sie?"

„Aber hat es Sie denn nicht verletzt, dass er Gefallen an einer anderen Frau gefunden hatte und mit ihr schlief?", bohrte Mahler weiter.

„Sex wird überbewertet", sagte sie. „Es war das kleine, amouröse Abenteuer eines alternden Mannes … Das ist so wie ein letztes Aufflammen des Kerzenstummels. So habe ich es zumindest empfunden. Über kurz oder lang wäre er zu mir zurückgekehrt. Ich habe ihm diese Verirrung seines Geistes nicht übel genommen und darüber geschwiegen."

„Es hat Sie nicht verletzt?", fragte Hetzer verwundert.

„Doch, natürlich hat es das, aber wissen Sie, es geht doch um das große Ganze. Wir sind beinahe vier Jahrzehnte verheiratet. Was wir teilen, hat eine ganz andere Qualität. Es ist eine tiefe innere Verbundenheit. Das wirft man doch nicht einfach weg."

Andreas Mahler und Wolf Hetzer blieben ratlos zurück. Es war schlüssig, was die Eheleute Salvinius gesagt hatten, auch wenn sie selbst es als schräg empfanden. Und man hatte tatsächlich niemanden da oben auf der Empore gesehen, außer Manuela Habedank natürlich. Doch es war ebenso eine Tatsache, dass der „Geier“ alias Hiltrud Oetking K.-o.-Tropfen in ihrem Blut gefunden hatte. So betäubt war es natürlich keine Kunst, von einer Empore zu stürzen.

Von Anfang an stand die Vermutung im Raum, dass ihr dieses Mittel nicht oral mit einem Getränk verabreicht worden war, sondern mittels einer Spritze, und zwar direkt in den Allerwertesten. Wie konnte das unbemerkt geschehen? Es hätte dem Betreffenden doch auffallen müssen. Noch während die Kommissare darüber grübelten, brachte Mimi von der Spurensicherung Licht ins Dunkel. Es war Andreas, der ihren Anruf entgegennahm.

„Krasse Nummer, euer Mord in der Marktkirche“, sagte sie zu ihm. „Du glaubst nicht, was ich dir jetzt erzählen werde.“

„Warte, ich stelle mein Telefon auf laut. Der Hetzer aus Bückeburg ist auch hier. Er war ja quasi mit dabei, als es geschah.“

„Ja, gerne, hallo Wolf! Schön, dich zu hören. War wohl in letzter Zeit nix los bei euch da hinter dem Berg. Wir haben ja ewig nichts voneinander gehört.“

„Stimmt, Mimi, dazu muss ich erst nach Hameln fahren“, erwiderte Wolf scherzhaft.

„So, jetzt zu meiner frohen Kunde“, sagte sie. „Wir sind echt zur Höchstform aufgelaufen, als uns der ‚Geier‘ bestätigte, dass sich ein Einstichkanal im Gesäßbereich befand, in dem noch mikroskopisch kleine Reste des Wirkstoffs zu finden gewesen waren. Jetzt kam unser Part, und glaube mir: Das war Präzisionsarbeit! Nicht jeder hätte die winzig kleinen Schnitte entdeckt, die die Kanüle der Spritze im Gewebe ihres Slips und ihres Kleides hinterlassen hatte, besser gesagt deren ultrascharfe Spitze.“

„Aha“, sagte Andreas Mahler. „Man hat ihr die Injektion also direkt durch die Kleidung gejagt?“

„So ist es“, bestätigte Mimi.

„Fragt sich nur, wann und wie“, überlegte Hetzer laut. „Ich hätte das bemerkt und mich umgedreht. Womöglich hätte ich auch kurz geflucht oder dergleichen. Falls ich es für eine Wespe gehalten hätte.“

„Mitten im Winter?“, fragte Mimi und lachte. „Draußen schneit es. Na kommt, ratet noch ein bisschen. Das macht mir Spaß. Zu schnell will ich euch die Auflösung nicht verraten.“

„Oh, es gibt eine?“, freute sich Andreas Mahler. „Nun spann uns nicht auf die Folter.“

„Ich sage nur: Stuhl“, lockte Mimi die Männer zum weiteren Spekulieren.

„Die Spritze lag auf dem Stuhl, und sie hat sich aus Versehen draufgesetzt?“, mutmaßte Wolf. „Da hätte es doch jeden treffen können, und man hätte es bemerkt.“

„Warm“, erwiderte Mimi.

„Sie war doch als Einzige oben“, widersprach Andreas, „und man hatte ihr den Stuhl bestimmt extra hingestellt. Könnte es sein, dass jemand die Spritze an der Seite des Möbels festgeklebt hatte?“

„Wärmer, aber noch nicht heiß“, freute sich die Chefin der Spurensicherung. „Na gut, ich will euch euren Geist erhellen. Wir haben natürlich den Stuhl einkassiert. Und stellt euch mal vor, was dabei herauskam, als wir ihn auseinandernahmen? Jemand hatte eine Vorrichtung in das Polster des Stuhls eingenäht.“

„Das ist ja krass“, entfuhr es Wolf Hetzer. „Kannst du sie beschreiben?“

„Klar, ihr kennt doch einen Blasebalg. Stellt euch den in ganz klein und rund vor, so groß wie ein Tintenfass, geformt wie eine Art Ziehharmonika. Wisst ihr, was ich meine? Darauf war eine sehr dünne Kanüle befestigt, die man schon in den Schaumstoff eingeführt hatte. Ganz minimal und garantiert nicht sichtbar muss sie aus der Oberfläche hervorgestanden haben. In dem Gefäß befand sich das Liquid Ecstasy. Als sich euer Opfer also auf den Stuhl setzte, führte ihr Gewicht nicht nur dazu, dass sich die ultrakurze Nadel ins Fleisch bohrte, sondern auch dazu, dass die Substanz aus dem Plastikgefäß durch die Kanüle gedrückt wurde. Quasi wie eine automatische Injektion, die sich höchstens so angefühlt haben dürfte, als ob man sich auf die spitze Feder eines alten Stuhls gesetzt hätte.“

„Das ist echt abgefahren“, stellte Andreas fest. „Fragt sich nur, wer das da platziert hat.“

Mimi kicherte. „Das herauszufinden ist zum Glück eure Aufgabe. Verwertbare DNA kann ich euch leider nicht bieten. Ich würde aber nach jemandem suchen, der mit der Hand nähen kann. Der Stuhl ist so geschickt präpariert worden. Und sagt jetzt nicht, dass es deswegen eine Frau gewesen sein muss“, drohte sie. „Diese chauvinistischen Zeiten sind vorbei. Heute muss sich kein Mann mehr schämen, wenn er mit Nadel und Faden umgehen kann. Tschüss, schönen Tag euch", zwitscherte sie noch und legte auf.

Die letzten Worte der Spurensicherungsfachfrau hallten noch in Hetzers Schädel nach. Sie hatten ihn auf irgendetwas gebracht. Doch so schnell wie der Gedankenblitz gekommen war, war er auch schon wieder verschwunden. Er ließ sich nicht mehr greifen.

„Zäumen wir doch das Pferd mal von hinten auf", schlug Wolf daher vor und hoffte, dass es ihm wieder einfiel. „Wen könnte es noch geben, dem sehr daran gelegen war, dass Manuela Habedank aus seinem Leben verschwand."

„Du meinst, jenseits von Chor und dessen Leiter?", erkundigte sich Andreas Mahler.

„Ja, vielleicht ein Verflossener, Arbeitskollegen, andere geprellte Eheweiber", schlug Wolf vor. „Möglicherweise könnte auch ein uns unbekannter Erbfall denjenigen zum Töten animiert haben."

„Oder ein Komplott", orakelte Andreas mit einem Augenzwinkern. „Du weißt doch. Meist ist es ganz einfach. Zwischenmenschliche Verletzungen haben das größte Potenzial, jemanden zum Mörder zu machen. Ich glaube aber, dass der Tatort schon für sich spricht. Wer den Stuhl eines Chormitglieds präpariert, der hat auch eine Beziehung zu dem Ganzen. Umbringen kannst du einen doch sonst überall. Also warum hier? Lass uns doch noch mal oben nachschauen."

Beide Kommissare gingen die Treppe zur Empore hinauf und ließen den Ort auf sich wirken. Die Sitzgelegenheit des Echo-Engels stand in der Tat sehr nah an der Brüstung. Wahrscheinlich, damit sie den Dirigenten auch gut sah, mutmaßte Wolf und Andreas nickte, nachdem er sich genau an denselben Platz gestellt hatte.

„Ich gebe dir recht", sagte Wolf, „dass dies ein besonders günstiger Ausgangspunkt zum Abstürzen ist, wenn man nicht mehr Herr seiner Sinne ist, weil man durch das Einwirken von Medikamenten ins Trudeln kommt. Aber das kann in der Tat nur jemand gewusst haben, der schon mal hier oben war. Kirchenpersonal zum Beispiel oder wie gesagt ein Musiker vom Orchester oder ein Sänger aus der Kantorei. Ist also ganz einfach.“ Wolf grinste. „Wir suchen jemanden, der sich hier auskennt, der nähen kann und der eine wie auch immer geartete Beziehung zu Manuela Habedank hatte.“

„Willst du jetzt einen Menschen anhand seines Nähbildes erkennen?“, fragte Andreas und tippte sich an die Stirn. „So nach dem Motto: Zeig mir deine Stiche, und ich sage dir, ob du der Täter bist.“

„Es wird uns wohl niemand was vornähen“, erwiderte Wolf schmunzelnd. „Aber vielleicht kann uns Mimi mal ein Foto von der Naht schicken.“

„Meinetwegen, wenn du dir davon was versprichst“, antwortete Andreas Mahler achselzuckend.

Das ließ sich Wolf nicht zweimal sagen. Sofort wählte er die Nummer der Spurensicherung und hatte Mimi auch gleich an der Strippe.

„Klar schicke ich dir ein Bild von der Naht“, versprach Mimi. „Ich konnte daran allerdings nichts Besonderes finden. Stiche halt. Okay, aber ich selbst kann auch nicht nähen“, gab sie zu. „Kommt gleich auf dein Handy.“

„Danke“, sagte Wolf noch, und schon machte es pling auf seinem Smartphone.

Kollege Andreas Mahler beugte sich über das Display.

„Hm, sieht irgendwie komisch aus“, stellte er fest. „Wenn meine Frau was repariert, dann sind das andere Muster.“

„Ich hab so was schon mal gesehen“, grübelte Wolf laut, „aber wo?“ Mit einem Mal fielen ihm Mimis Worte von neulich wieder ein, dass es auch ein Mann sein könne, der mit Nadel und Faden umzugehen wisse. „Warte, ich muss noch mal wen anrufen“, informierte Wolf seinen Freund. Dann wählte er die Nummer der Rechtsmedizinerin. Natürlich nicht die des Geiers, sondern die von Doktor Nadja Serafin, der Frau seines Bückeburger Kollegen.

Als sie sich meldete, hallte ihre Stimme.

„Was Wichtiges, Wolf?“, erkundigte sie sich. „Bin mitten in einer Leiche und hab Stöpsel im Ohr.“

„Liegt dein Telefon da auch irgendwo rum?“, wollte Wolf wissen.

„Ja, drüben auf dem Schrank“, erwiderte sie. „Warum?“

„Du sollst nur mal kurz einen Blick auf ein Stück Stoff werfen“, bat er.

„Okay, ich verstehe zwar nicht wieso, aber schick mal“, antwortete sie. „Hast du es?“

„Moment, muss es kurz mit der Nase entsperren, hab ja Handschuhe an", erklärte sie. „Lustig", kam nach einem kurzen Moment von ihr. „Da hat ein Mediziner seine Künste an einem Samtbezug angewendet. Typische Subkutannaht. Ich tippe auf einen Chirurgen."

„Danke, Nadja", freute sich Wolf. „Du hast uns sehr geholfen."

„Ich verstehe zwar nur Bahnhof, aber du wirst es mir schon noch erklären", vermutete die Rechtsmedizinerin. „Und nun lass mich weitermachen."

Wolf verabschiedete sich mit dem Versprechen, sie später einzuweihen.

„Interessant", musste Andreas Mahler zugeben, „dann sollten wir wohl nach einem Arzt oder einer Ärztin suchen. Ich schätze mal, so eine Nähtechnik beherrscht nicht jeder."

„Vielleicht singt der- oder diejenige auch …", stimmte Wolf zu.

„Auf jeden Fall wäre ein Mediziner auch mit Leichtigkeit an die Tropfen gekommen", fügte Andreas noch hinzu.

Die weiteren Ermittlungen ergaben, dass Manuela Habedank vor ihrer Liaison mit dem Kantor Salvinius ein Verhältnis mit dem Chefarzt der Chirurgie des Sana-Klinikums Hameln-Pyrmont gehabt hatte. Bei den Befragungen wand er sich zunächst wie ein Aal. Letztendlich konnten sie ihn nur mit einer List überführen, indem sie behaupteten, dass sie männliche DNA durch einen Schweißtropfen im Samtstoff gefunden hatten. Das konnte er nicht mit Sicherheit ausschließen. Erst da knickte er ein und gab zu, dass Manuela niemand anderem jemals gehören sollte, wenn er sie schon nicht hatte haben können.

Die Kommissare atmeten auf. Der Fall war noch vor Heiligabend gelöst worden und das allein nur deswegen, weil niemand aus seiner Haut konnte. Gelernt ist eben gelernt … Doktor Friedmann nähte, wie er es immer tat, sei es Haut oder Stoff!

Das Gespenst im Residenzschloss

Ein merkwürdiger Notruf war gegen 0:13 Uhr in der Bückeburger Einsatzzentrale eingegangen. Der diensthabende Beamte hörte ein Röcheln, dann japste jemand nach Luft und versuchte zu sprechen.

„Können Sie mir sagen, wo Sie sich befinden?“, versuchte er zu dem Anrufer durchzudringen.

„Sch… loss“, hörte er daraufhin und etwas Undefinierbares, dann war die Leitung tot.

Polizeihauptmeister Kreikenbohm haderte mit sich selbst, was er nun tun sollte. Was hatte der Anrufer gemeint? Ein Türschloss oder das Residenzschloss? War etwas mit Durchlaucht? Oder erlaubte sich da jemand einen Scherz. Okay, momentan war Weihnachtszauber auf Schloss Bückeburg, aber soweit er wusste, war des Nachts niemand dort, außer dem Fürsten und seiner Frau natürlich sowie ein paar Bewohnern in den anderen Flügeln. Plötzlich kam ihm eine Idee. Er würde Hauptkommissar Wolf Hetzer anrufen. Der war auch persönlich mit dem Fürsten bekannt und hatte mit Sicherheit dessen Handynummer. Parallel stieß er die Ortung des Mobiltelefons an, das die Notrufnummer gewählt hatte.

„Hetzer“, hörte Kreikenbohm am anderen Ende der Leitung. Die Stimme klang müde.

„Tut mir leid, Sie zu stören“, sagte der Beamte und erklärte die merkwürdige Situation.

„Verstehe, melde mich gleich wieder“, erwiderte Hetzer.

Kreikenbohm saß auf heißen Kohlen. Ihm war überhaupt nicht wohl in seiner Haut. Dies quälende Warten, bevor man tätig werden konnte, ließ einen machtlos zurück.

Dass das Handy des Anrufers tatsächlich im Bückeburger Schlossbereich geortet wurde, machte die Sache nicht besser. Kreikenbohm erhielt die Nachricht gerade in dem Moment, als das Telefon klingelte. Wolf Hetzer war am Apparat.

„Durchlaucht ist in Österreich. Also keine Panik", versuchte der Hauptkommissar den Beamten zu beruhigen. „Der Fürst hat zwar mit seiner Frau den Weihnachtszauber eröffnet, befindet sich jetzt aber im Urlaub."

„Gott sei's getrommelt und gepfiffen", seufzte Kreikenbohm, „denn der Anruf kam tatsächlich vom Schlossareal. Hab es gerade auf den Schirm bekommen."

„Dann schick mal einen Streifenwagen hin, Horst", schlug Hetzer vor. „Nicht dass einer nach zu viel Glühwein im Schlosspark erfriert. Falls euch das nicht weiterbringt, ruft ruhig die Notfallnummer der Fürstlichen Hofkammer an. Die haben für alle Türen den richtigen Schlüssel, sei es für die Ställe Hofreitschule, die Reithalle oder die westliche Eingangspforte des Schlosses. Nur die Privatgemächer des Fürstenpaares bleiben außen vor, aber das macht nichts, weil wir ja wissen, dass Durchlaucht nicht vor Ort ist."

„Alles klar, die Streife fährt gleich los", versprach Horst Kreikenbohm.

„Wird schon nix sein", sagte Wolf und unterdrückte ein Gähnen. „Ich leg mich jetzt wieder hin."

„Weiterhin gute Nachtruhe", wünschte Horst ihm und legte auf.

Dann informierte er seine Kollegen.

Friedliche Winterruhe lag über Todenmann. Die mit Neuschnee überzuckerte Landschaft lag im silbernen Schein des Mondes und funkelte wie aus unzähligen Diamanten. Wolf fügte im Traum gerade ein Iglu aus Schneequadern zusammen und wunderte sich, wieso er bei den Inuit Handyempfang hatte. Plötzlich jedoch waren der Bau und die Einheimischen verschwunden, nur das Telefon klingelte noch. Er stöhnte und ging ran.

„Besser, du kommst zum Schloss, Wolf", hörte er Kreikenbohms Stimme. „Wir haben einen Mord im goldenen Saal, direkt hinter der Götterpforte. SpuSi, KTU und Rechtsmedizin sind schon informiert."

Mit einem Schlag war Hetzer hellwach.

„Bin unterwegs", erwiderte er nur und drückte auf den roten Hörer im Display.

Während er in seine Klamotten vom Vortag sprang, erklärte er der schlaftrunkenen Moni kurz, warum er so unvermittelt aufbrechen musste.

„Vergiss Schal und Mütze nicht!", rief sie ihm besorgt hinterher. „Es ist lausig kalt."

Wolf überlegte, dass es an und für sich unsinnig war, seinen Kollegen Peter Kruse zu informieren, da dieser mit der Rechtsmedizinerin Doktor Nadja Serafin verheiratet war; aber damit er sich hinterher keine Beschwerden anhören musste, wählte er doch lieber die Nummer seines Kollegen.

„Wahrscheinlich bin ich noch eher da als du", brummte Peter in die Freisprecheinrichtung seines Wagens. „Konnte mir nicht mal mehr ein Schnitzel aus dem Kühlschrank nehmen. So eilig hatte es meine Holde."

Oh je, dachte Wolf, ein ausgehungerter Kruse war ebenso gefährlich wie ein Bär, in dessen Käfig man sich vor der Fütterungszeit befand. Also ging er auf dem Weg zum Auto noch an seinem Kühlschrank vorbei und steckte die Dose mit den übrig gebliebenen Frikadellen vom Vortag in seine Jackentasche.

Draußen war es wirklich klirrend kalt. Zum wiederholten Mal fluchte er, dass er es immer noch nicht geschafft hatte, ein Carport neben seine alte Kate zu bauen. Nun blieb ihm wieder nichts anderes übrig, als zu kratzen. Ein Traumjob mitten in so einer frostigen Winternacht, wenn man direkt aus dem warmen Bett kam. Völlig ausgekühlt schwang er sich hinter das Lenkrad, machte nach dem Starten die Sitzheizung an und fuhr in Richtung Bückeburg.

Direkt ans Schloss heranzufahren, gestaltete sich allerdings schwierig. Die Absperrung des Weihnachtszaubers musste beiseitegeräumt werden. Anschließend mussten sich die Einsatzfahrzeuge an Buden und Ständen vorbeischlängeln. Direkt vor dem imposanten historischen Gebäude konnten sie parken. Allein die Tür war beeindruckend, fand Hetzer, als er durch das mächtige Portal schritt und nach links schwenkte, um zur Treppe zu gelangen. Sowohl im Innen- wie auch im Außenbereich des Schlosses war alles weihnachtlich geschmückt. Die Üppigkeit der Schleifen, Kugeln und Sterne beachtete der Hauptkommissar nicht. Auch den großen Saal, in dem Bälle stattfanden oder gelegentlich ein Konzert, ließ er mitsamt seinen Weihnachtsständen hinter sich. Sein Ziel war die Götterpforte, die sich dem Betrachter heute öffnete und den Eindruck erweckte, es hätte ein Jüngstes Gericht sein Urteil über eine arme Seele gefällt. Und das über jemanden, den man – zumindest von der Mythologie her – durchaus als einen Abgesandten bezeichnen konnte. Es war ein Bild, dass das Auge störte in all dieser Glitzerromantik. Eine wenig pittoreske Situation, denn die rostig angehauchte, eiserne Baumspitze war sicher nicht dazu gedacht gewesen, aus dem Kostüm eines Weihnachtsmannes herauszuragen, knapp unter dessen Rauschebart.

Doch drehen wir die Zeit ein paar Jahre zurück.

Henriette von Ohlschlag zu Bogenhagen war eine verträumte, junge Frau in den Enddreißigern, sehr mädchenhaft und ungepflückt. Das Leben hatte ihr übel mitgespielt, denn sie existierte im falschen Zeitalter. All das Moderne war ihr zuwider, auch der Lärm von Verkehr und heutiger Musik beleidigte ihre Sinnesorgane. Mit aktuellen Büchern kam sie überhaupt nicht zurecht. Henriette fand sie sprachlich mehr als ungenügend. Auch die Themen schienen ihr zu trivial oder schlichtweg uninteressant aus der Zeit gefallen zu sein. Als Spross eines noch halbwegs gut situierten Landadels hatte sie seit ihrer Kindheit Narrenfreiheit besessen und war in historische Kostüme geschlüpft. Man ließ ihr ihren Spleen, wie man so schön sagte. Unterrichtet wurde sie zu Hause, doch es war ein merkwürdiges Leben. Freunde hatte Henriette nicht. Sie hätten auch gar nicht in ihr Weltbild gepasst. Aber die junge Frau war sich selbst genug. Gelegentlich lud sie – sehr zum Leidwesen ihrer Eltern – ein paar kostümierte Schaufensterpuppen zum Tee in den Salon ein, doch die Konversation führte sie allein.

Es wäre ein einsames Dasein gewesen, hätte sie ihre Fantasie nicht gehabt.

Als die Eltern begriffen, dass in Henriettes Entwicklung etwas total schief gelaufen war, war es schon zu spät. Psychologische Hilfe nahm sie nicht an, denn in ihrer Welt war doch alles in Ordnung. Das Einzige, was ihr fehlte, war ein richtiges Schloss. Gut Bogenhagen war nett und herrschaftlich eingerichtet. Doch es blieb ein Anwesen, und Henriette träumte sich auf eine Burg oder in ein Schloss. Um ihr einen Gefallen zu tun, schlugen der Graf von Ohlschlag zu Bogenhagen und seine Frau ihr vor, doch einmal die Landpartie auf dem Bückeburger Schloss zu besuchen. Widerstrebend hatte Henriette zugesagt. Das Gebäude reizte sie, aber sie hatte Angst, dass das Ambiente durch Modernes entweiht werden könnte. Allein das Motto der Veranstaltung „Reise ins 19. Jahrhundert“ zerstreute ihre Sorgen. Ja, wenn sie in sich hineinhorchte, war da sogar eine Hoffnung, dass nun alles gut werden könnte. Wer Jahrzehnte unter einer unstillbaren Sehnsucht leidet, klammert sich an jeden Strohhalm. Endlich würde sie auch in der Öffentlichkeit so auftreten können, wie sie es sich immer gewünscht hatte. Für ihren großen Tag wählte sie ein seidenes, handbesticktes Kleid mit Krinoline. Der fließend geblümte Stoff in hauchzartem Himmelblau schmiegte sich sanft an Büste und Reifrock. Nachdem ihr ihre „Zofe" – es war eigentlich die Haushaltshilfe ihrer Mutter – das Korsett geschnürt und die Haare hochgesteckt hatte, ging es los in Richtung Bückeburg.

Normalerweise mied Henriette die stinkenden Vehikel. Interessanterweise empfand sie das Autofahren nun aber als notwendiges Übel, um zu ihrem Traumort in einer Art Zeitreise zu kommen. Schon kurz hinter dem Kassenhäuschen der Landpartie fühlte sich die junge Frau wie im Paradies. Endlich konnte sie auch unter vielen Menschen ganz in ihrem Element sein, ohne dass jemand sie auch nur schief ansah. Das Außergewöhnliche, das Henriettes Leben bestimmte, war hier normal. Irgendwann trennten sich die Wege von Eltern und Tochter. Sie hatten keine Bedenken, die Zügel locker zu lassen, damit es ein unbeschwerter Tag wurde – für alle Beteiligten. Jeder würde denken, dass Henriette ihre Rolle einfach gut spielte. Sie jedoch lebte endlich dort, wo sie hingehörte.

Als sich der Tag dem Ende zuneigte, warteten die von Ohlschlags zu Bogenhagen voller Sorge auf ihre Tochter. Sie hatten sich auf 20 Uhr am Schlosstor verabredet. Doch die Eltern warteten umsonst. Nur Henriettes Sommerhut konnte bei der breit angelegten Suchaktion gefunden werden. Von ihr selbst fehlte jede Spur. Niemand sah sie jemals wieder oder hörte von ihr. Ein Aufruf bei „Aktenzeichen XY ... Ungelöst" erbrachte keine weiteren Hinweise. Das war nun neun Jahre her.

Hauptkommissar Wolf Hetzer war dieser mysteriöse Vermisstenfall wieder in den Sinn gekommen, als er auf die Götterpforte zuging. Doch beim Blick auf den unschön verzierten Weihnachtsmann vergaß er ihn auch gleich wieder.

Nach und nach trudelten Beamte und Mediziner am Fundort der Leiche im goldenen Saal ein. Kollege Oberkommissar Peter Kruse blickte seiner Frau missmutig hinterher und nickte Wolf zu. Er wäre lieber im Bett geblieben. Hetzer wartete einen Moment ab. Während sich die Rechtsmedizinerin nun über die Leiche beugte, steckte er dem Brummbären heimlich drei Frikadellen zu. Sofort huschte ein Lächeln über dessen Gesicht. Das waren ja glänzende Aussichten. Sein armer Magen würde sich beruhigen. Allerdings musste Nadja das nicht wissen. Sie hatte es immer so mit der Gesundheit. Wen juckte in der Nacht schon sein Cholesterinwert? Peter zog sich kurz hinter der Pforte in den Ballsaal zurück und verdrückte die Buletten. Sofort ging es ihm besser, auch wenn er meinte, während des Kauens eine Erscheinung gehabt zu haben. Es war wie ein Huschen gewesen, ein Hauch, quasi so, als ob ein Luftzug ihn gestreift hätte. Wahrscheinlich schlief er noch halb, dachte er bei sich und maß der Sache keinerlei Bedeutung zu. Dann kehrte er in den goldenen Saal zurück. Gerade rechtzeitig, um Wolfs Frage mitzubekommen.

„Da niemand anders hier war", begann Hauptkommissar Hetzer, „können wir wohl davon ausgehen, dass es ein bedauerlicher Unfall gewesen sein muss?"

Peter gähnte. Er war satt, wenigstens für den Moment, und höchst zufrieden. Das hörte sich doch glatt so an, als ob er gleich wieder ins Bett dürfte.

„Nö!", erwiderte Nadja knapp und machte all seine Hoffnungen zunichte. „Hier sind Abwehrspuren, seht ihr? Tja, und es muss ihm auch einer von vorne noch heftig eins übergezogen haben. Unter der Pudelmütze befindet sich eine ordentliche Platzwunde."

„Sehr merkwürdig", sinnierte Wolf vor sich hin.

„War wohl ein Gespenst", kam es wenig sachdienlich von Peter Kruse, der beim Sprechen ein Bäuerchen unterdrückte. „Ich hörte, der Anrufer habe was von einem Geist gesagt."

Nadja stieß ihn in die Seite. Sie war Naturwissenschaftlerin und hielt nichts von paranormalen Phänomenen.

„Ey!", schimpfte er. „Ich kann doch nichts dafür, wenn einer so was meldet."

Damit hatte er zwar recht, aber es war jetzt hier im Angesicht des toten Weihnachtsmannes nicht der richtige Moment für Scherze.

„Nun ja", sagte die Rechtsmedizinerin, „das wird sich alles aufklären. Mal sehen, ob das ominöse Schlossgespenst eine DNA besitzt. Dann werden wir dem Spuk schon auf die Spur kommen."

Dass der kostümierte Mann auch nicht das war, was er vorgegeben hatte zu sein, stellte sich ziemlich schnell bei der Überprüfung seines Sackes heraus. Die darin enthaltenen Gaben waren ausnahmslos teure Stücke diverser Stände des Weihnachtszaubers und ganz sicher nicht dazu gedacht, verschenkt zu werden. Es handelte sich um wertvolles Diebesgut, mit dem der Weihnachtsmann wahrscheinlich am nächsten Tag unbehelligt durch den Ausgang vom Gelände spaziert wäre. Wer kontrollierte schon, was so ein Himmelsbote auf seiner Schulter trug? Doch wie war es möglich gewesen, des Nachts im Schloss zu bleiben, ohne dass ihn jemand bemerkte?

Etwas Licht ins Dunkel brachte hier die Auskunft eines Mitarbeiters der Hofkammer. Es gab schlichtweg weder eine Alarmanlage noch Laserschranken. So einen Fall hatte man noch nie gehabt, dass sich jemand im Gebäude versteckt hatte, um sich einschließen zu lassen. Natürlich gab es keinen Login-Bereich, in dem jeder Gast des Weihnachtszaubers ein- und wieder auschecken musste. Man bekam lediglich ein Kunststoffbändchen. Für jeden Tag war eine andere Farbe vorgesehen, damit niemand, der nur einmal bezahlt hatte, die Veranstaltung auch an anderen Tagen kostenlos besuchte. Aber wie viele Menschen ins Schloss hineingingen und wieder herauskamen, darüber führte niemand Buch.

Es war kurz vor Weihnachten. Zwei Wochen hatte es gedauert, bis endlich die Ergebnisse der DNA-Analyse vorlagen – und die erwiesen sich als kleine Sensation, weswegen man sie gleich noch einmal überprüfte. Doch das Resultat war eindeutig. Unser verblichener Weihnachtsmann hatte Kontakt mit der seit Jahren vermissten Henriette von Ohlschlag zu Bogenhagen gehabt. Wie konnte das sein? Seit ihrem Verschwinden hatte es kein Lebenszeichen mehr von der Frau gegeben. Im nächsten Jahr hätte sie für tot erklärt werden können.

Wolf Hetzer und Peter Kruse ließen es sich nicht nehmen, die Eltern von Henriette selbst aufzusuchen, um sie über die Neuigkeit zu informieren. Wie erwartet war es ein Schock für die älteren Herrschaften, die nun nach so langer Zeit nur noch wenig Hoffnung gehabt hatten, überhaupt jemals wieder irgendetwas von ihrer Tochter zu hören.

„Wie darf ich das verstehen mit der DNA?“, fragte Klothilde von Ohlschlag zu Bogenhagen mit unterdrücktem Schluchzen. „Lebt unsere Tochter noch? Wird sie vielleicht irgendwo gefangen gehalten?“

„Ich würde vorsichtig optimistisch sein“, schlug Hetzer dem Ehepaar vor. „Wir haben nicht nur Haare auf dem Weihnachtsmannkostüm gefunden, sondern auch Zellen an der Armbanduhr des Toten. Die hätten sich da sicherlich nicht so viele Jahre gehalten. Aber was genau mit Ihrer Tochter geschehen ist, oder wo sie sich aufhalten könnte, das wissen wir leider nicht.“

„Vielleicht ist sie auch verwirrt und völlig ahnungslos, wer sie ist", vermutete Vater Sigisbert.

„Wissen Sie", begann Klothilde, „unsere Tochter Henriette ist ein wenig besonders."

„Was meinen Sie damit?", erkundigte sich Peter Kruse und zog die Brauen hoch.

„Sie ist anders", versuchte die Dame zu erklären. „Sie lebt nicht in unserer Zeit, sondern Anfang des 19. Jahrhunderts. Alles Neue und Moderne lehnt sie ab. Ich fürchte, sie ist deswegen vollkommen hilflos und eine leichte Beute für jemanden mit schlimmen Absichten."

„Plemplem also", brachte Peter es unsanft auf den Punkt und erntete dafür einen strafenden Blick des Ehepaars. „Ja, bitte entschuldigen Sie, aber so ist es doch. Ich könnte mir auch eine Rüstung anziehen und behaupten, ich wäre Ritter Kunibert. Aber Sie ahnen wohl, was dann passieren würde? Man müsste mich wegsperren."

Klothilde räusperte sich. „Das war hier nicht vonnöten", flüsterte sie. „Wir haben sie ihre Fantasie ausleben lassen. Henriette schadete doch niemandem. Sie blieb immer hier auf dem Anwesen bis zu dem Tag …" Ein Seufzer folgte.

„Bis zu dem Tag, als Sie mit ihr zur Landpartie nach Bückeburg gefahren sind?", hakte Wolf nach. Er hatte sich die Fallakte geben lassen.

Sigisbert nickte betreten. „Wir vermuteten heute, dass die Veränderung zu viel für sie gewesen ist. Henriette kannte ihr Leben lang nichts anderes als Gut Bogenhagen. Wir merkten sofort, dass sie vom Residenzschloss beeindruckt war. Tja, und dann noch das Motto des 19. Jahrhunderts. Wer kann ahnen, was da in ihr vorgegangen ist", sagte der Gutsbesitzer. „Möglicherweise hat sie ein Scharlatan im Gehrock in seine Gewalt gebracht und versteckt gehalten."

Wolf sah den älteren Mann verständnisvoll an.

„Wir müssen Ihnen aber noch etwas mitteilen", erklärte er. „Es ist durchaus möglich, dass Ihre Tochter in das Tötungsdelikt involviert ist."

Das Ehepaar machte große Augen.

„Ich verstehe nicht …", kam mit gepresster Stimme von Klothilde.

Peter ging diese elitäre Gesellschaft auf die Nüsse.

„Mann, es könnte sein, dass der Weihnachtsmann von Ihrer Tochter aus dem Leben befördert worden ist. War das jetzt klar genug?", wollte er wissen.

„Aber dann müsste sie sich doch im Schloss befunden haben", erwiderte Sigisbert aufgeregt.

„Klar, und zwar nicht nur als der Geist, von dem der Sterbende berichtet hat", antwortete Peter.

Wolf schaltete sich ein.

„Mein Kollege und ich glauben, dass Ihre Tochter Henriette Zugang zu den Schlossräumen hat", berichtete er. „Wie auch immer das möglich sein mag."

„Locken wir sie doch an", schlug Peter vor und meinte es nicht wirklich ernst. „Wenn sie die Fenster des ollen Kastens beobachtet und da was Interessantes vorgeht, dann könnte es doch sein, dass sie nachgucken kommt."

„Das ist eine verdammt gute Idee, Peter", sagte Wolf und erklärte den dreien, was er vorhatte. Anschließend informierte er sich genau über die Vorlieben der jungen Frau und ersann gemeinsam mit Peter einen Plan.

Wie alle adeligen Damen hatte auch Henriette immer von einem Prinzen geträumt. Nun, den sollte sie bekommen! Sie würden ihn ihr auf einem silbernen Tablett präsentieren. Nichts leichter als das. Hauptkommissar Wolf Hetzer hatte den Ritter Kunibert nicht vergessen. Die kleine unachtsame Bemerkung seines Kollegen Kruse hatte ihn dazu inspiriert, Peter zwar nicht in eine Rüstung, aber in einen der Mode des 19. Jahrhunderts entsprechenden Frack zu kleiden. Für den riesengroßen Brummbären fühlte sich das schlimmer an als ein metallenes Korsett. Ihn juckte und kratzte es, doch schlimmer noch: Er fühlte sich nicht wohl in seiner Haut. Folter war das, reine Folter. Aber zum Glück war er nicht allein. Etliche Kollegen der Kriminaltechnischen Untersuchung, der Spurensicherung und der Rechtsmedizin hatten sich bereit erklärt, an diesem kleinen Schauspiel teilzunehmen, das die verschwundene Henriette hervorlocken sollte. Auch ihre Eltern waren gekommen. Ihnen fiel eine besondere Rolle zu, denn den Stimmen vertraute die Vermisste. Wenn überhaupt würde sie sich zeigen, sobald sie die Situation an etwas Warmes, Gewohntes erinnerte und sie sich wohlfühlte. Doch zunächst galt es, Henriettes Interesse zu wecken.

In einer Endlosschleife liefen Mozart und Händel vom Band. Ein echtes Orchester zu mobilisieren, wäre zu teuer gewesen. Man unterhielt sich, scherzte und lachte. Ja, man tat so, als wäre man eine fröhliche Abendgesellschaft, die im gelben Salon eine Soiree abhielt.

Da Wolf damit rechnete, dass Henriette die Veranstaltung zunächst vom Festsaal aus beobachten würde, hatte er mit Zustimmung der Hofkammer drei Kameras installieren lassen, die ihm Bilder auf sein Smartphone lieferten. Doch es geschah nichts. Rein gar nichts! Man merkte, dass die Konversation nachließ, genauso wie die Aufmerksamkeit, doch gegen halb eins meldete sich plötzlich Wolfs Gerät. Er stieß den leicht schnarchenden Peter an, der auf dem Sofa neben Henriettes Eltern saß. Sein Kopf war beinahe auf Klothildes Schulter gesunken. Doch jetzt schreckte er hoch und besah sich das Foto im Display, das ihm Wolf hinter vorgehaltener Hand zeigte: eindeutig eine Frau. Oder besser gesagt, der Geist einer Frau. So sah es zumindest aus, da ein weißes Etwas durchs Bild gehuscht war.

„Es geht los!", zischte Wolf den von Ohlschlags zu Bogenhagen zu.

Klothilde nickte. „Prinz Kunibert, mein Lieber", flötete sie laut. „Es freut uns außerordentlich, dass Ihr hier heute hergekommen seid, um um unsere zauberhafte Henriette anzuhalten. Allein, wir müssen bedauern. Unsere Tochter ist nicht hier. Wartet! Ich rufe nach ihr. HENRIETTE! Hier ist der Prinz, der dich freien will! Komm, sieh ihn dir an. Er ist groß und stattlich. Er wird dich auf Händen tragen! HENRIETTE!", rief sie noch einmal, so laut sie konnte. „Komm, mein Kind!"

Niemand rechnete wirklich damit, dass der Coup gelingen konnte, aber sie sollten sich irren. Eine Frau Ende 40, die mit Recht als echtes Gespenst durchgehen konnte, betrat den gelben Salon auf Strümpfen, die nicht mehr ganz heil waren. Ihre Frisur war nicht als solche zu bezeichnen. Verfilzte, lange Haare lagen zottelig auf Schultern und Büste. Das Kleid hatte ebenfalls schon bessere Tage gesehen. Man wollte sich nicht vorstellen, wann es oder der Körper darin zum letzten Mal Wasser gesehen hatten.

„Mutter!", rief Henriette voller Freude und lief auf die Dame zu, die auf dem Sofa saß. „Vater!"

Keiner der Anwesenden mochte sich ausmalen, was in diesem Moment in den Eltern vorgehen musste. Freude und Erleichterung sicherlich, aber auch Angst und Sorge. Was war geschehen? Ihre Tochter wirkte verwahrlost, als hätte sie jemand jahrelang in einem Kerker gefangen gehalten.

„Wo ist mein Bräutigam?“, fragte Henriette. „Und wo wart ihr so lange? Ich habe euch vermisst!“

Peters historische Hose zwickte an einer unangenehmen Stelle. Er fühlte sich mehr als unwohl und versuchte sich unsichtbar zu machen, während seine Frau Nadja ein Schmunzeln unterdrücken musste. Aus der Nummer würde er nicht herauskommen. Dann besann sie sich wieder und rückte ihr Korsett zurecht. Die Situation war ernst und eher tragisch, wenn man es genau nahm.

Henriette musterte den ihr unbekannten Prinzen Kunibert und nickte dann. „Stattlich! Das muss ich schon sagen. Aber zuerst will ich sein Schloss sehen. Oder ist es eine Burg?“

Peter schwieg. Bei allem Respekt, aber das war ihm echt zu doof. Erwartete etwa jemand von ihm, dass er der durchgeknallten Tussi was von einem alten Gemäuer erzählte und um ihre Hand anhielt. Das kam nicht infrage. Er war schon verheiratet.

Mutter Klothilde übernahm. „Sicher, mein Schatz, es ist ein wahrhaft fürstliches Kastell. Du wirst dich dort wohlfühlen. Aber du musst durstig sein. Komm, trink einen Schluck von dem Kräutertee, den du so liebst.“

Obwohl niemand wirklich daran geglaubt hatte, dass Henriette dort im Schloss auftauchen würde, waren zahlreiche Vorbereitungen getroffen worden. Mit Klothilde hatte man besprochen, dass sie einen Tee in einer Thermoskanne mitbringen sollte. Dort hinein wollte man ein starkes Beruhigungsmittel geben. Außerdem war draußen vor dem Tor ein Krankenwagen postiert worden, in dessen Tragestuhl man eine samtene Decke ausgebreitet hatte. Das waren reine Vorsichtsmaßnahmen. Aus den Gesprächen, die Henriettes Eltern in der nahen Vergangenheit mit der Kripo geführt hatten, war eindeutig hervorgegangen, dass die Vermisste geistige Defizite aufwies. Außerdem rechnete man mit einem schweren Trauma, falls sie tatsächlich über Jahre hinweg festgehalten worden war. Mit Engelszungen hatte Hauptkommissar Wolf Hetzer auf Klothilde und ihren Mann eingeredet, dass eine Unterbringung auf dem häuslichen Anwesen zumindest für den Moment keine Alternative war. Henriette sollte in eine geschlossene Einrichtung gebracht werden. Nur widerwillig hatten die von Ohlschlags zu Bogenhagen in der Hoffnung zugestimmt, dass dies nicht für immer sein würde.

Es war ein kurzer glücklicher Moment, als Henriette dort zwischen ihren Eltern auf dem Kanapee saß und zum ersten Mal nach vielen Jahren wieder etwas Warmes trank. Während sie ihren schweigsamen Bräutigam beäugte, sprach ihre Mutter mit ruhiger Stimme zu ihr.

„Kind, sag, hat man dich eingesperrt?"

Henriette schüttelte den Kopf und wackelte mit den Füßen wie ein junges Mädchen.

„Oh nein, keineswegs, ich wohne hier", verkündete sie strahlend, „und ich komme nur mit, wenn mein neues Zuhause größer und schöner ist als dieses hier." Ein Lächeln huschte über ihr Gesicht.

Größer und schöner, dachte Oberkommissar Peter Kruse und rutschte mit seinem eingezwickten Hintern hin und her. Die hat doch den Schuss nicht gehört, aber dann fiel ihm ein, dass seine Frau Nadja immer so eine Serie geguckt hatte, die in einem mordsriesigen Kasten spielte. Boah, er hatte Hunger und war diese Karnevalsveranstaltung jetzt endgültig leid. Ja, er wollte es so schnell wie möglich hinter sich bringen und aus dieser Buxe rauskommen. Also suchte er nach einem Foto aus der Serie „Downton Abbey" und hielt es Henriette vor die Nase.

„Hier, das ist meine bescheidene Wohnstatt", sagte er gestelzt. „Ist Euch das luxuriös genug, Gnädigste?"

Henriette strahlte jetzt und nickte. Sie wollte soeben zu Peter gehen, da hielt ihre Mutter sie zurück.

„Warte kurz, sag, wo hast du denn hier gewohnt? Das muss den anderen, die hier leben, doch aufgefallen sein."

„Aber nein, Mutter, die sind doch alle nur tagsüber hier. Da schlafe ich. Erst wenn es im Schloss ruhig und friedlich wird, dann komme ich aus meiner Kammer und streife durch die Gänge oder nasche etwas in der Schlossküche." Sie kicherte. „Das mache ich schon lange so. Aber es war einsam. Niemand kam zu Besuch. Außerdem habt ihr mir gefehlt. Nur dann war da plötzlich nachts einer, der mir weismachen wollte, er wäre der Weihnachtsmann. Dabei gibt es den doch gar nicht", wusste Henriette. „Er hat einen riesengroßen Schreck bekommen, als er mich sah, und wollte mich packen, aber ich habe mich gewehrt. Da war er mit einem Mal ganz still und hat mich in Ruhe gelassen."

Wolf hatte genug gehört. Er ging nach nebenan und setzte einen Funkspruch ab. Kurze Zeit später wurde die Sänfte in Form des getarnten Tragestuhls in den gelben Salon gebracht. Zofe und Diener waren Mitarbeiter des psychiatrischen Dienstes. Doch das Beruhigungsmittel schien bereits zu wirken.

„Kommt ihr denn auch mit?", fragte Henriette ihre Eltern und unterdrückte ein Gähnen.

„Wir kommen später nach", versprach Klothilde ihrer Tochter. „Nun ruh dich erst einmal aus. Es war ein aufregender Abend."

„Und Prinz Kunibert? Wo ist er?", wollte sie wissen.

„Hier drüben", rief Nadja, als Peter mal wieder keine Anstalten machen wollte, sich gemäß der ihm zugeteilten Rolle zu verhalten. „Er wird sich in seine Gemächer begeben, um den Ring zu holen, damit er Euch später einen Antrag machen kann."

„Das … ist gut", kam es langsam aus Henriettes Mund. Das Sprechen fiel ihr schon schwer. „Er … soll mich in mein … neues Zuhause bringen."

Dann sank ihr Kopf zur Seite, und Peter atmete auf. Schneller als der Schall rannte er nach draußen zum Wagen, um sich seines Beinkleides zu entledigen, wie man so schön sagte. Trotz winterlicher Temperaturen wartete er in seiner Unterhose auf Nadja, die belustigt auf den Beifahrersitz stieg.

„Wehe, du sagst auch nur ein Wort", brummte Peter.

„Niemals", erwiderte Nadja und breitete ihren Kaschmirschal über Peters nackigen Knien aus.

Fall gelöst, dachten alle Beteiligten. Jedenfalls glaubte man das. Der vermeintliche Mord am Weihnachtsmann war eher als Totschlag oder Unfall einzustufen und würde ohne Konsequenzen bleiben, da Henriette nicht zurechnungsfähig war. Der Heilige Abend konnte kommen, und er würde voraussichtlich ruhig und friedvoll sein.

Jeder sank also gerne in sein warmes Bett, denn es war mittlerweile bald halb vier. Doch die Ruhe währte nicht lange. Gegen Viertel nach fünf klingelte Wolfs Handy und riss ihn aus dem Tiefschlaf.

Henriette von Ohlschlag zu Bogenhagen sei verstorben, teilte man ihm mit, vermutlich an einer Vergiftung. Hauptkommissar Wolf Hetzer fehlten die Worte. Tausend Dinge sausten ihm durch den Kopf, als er aufgelegt hatte. Das hatte er auch noch nicht erlebt, dass der eigentliche Mord nach Aufklärung des Falls erfolgt war. Ein wie auch immer geartetes Gift konnte sich nur zusätzlich zum Beruhigungsmittel im Kräutertee befunden haben.

Am 23. Dezember konfrontierten die Kommissare Hetzer und Kruse Klothilde von Ohlschlag zu Bogenhagen und ihren Mann nicht nur mit dem Tod der Tochter, sondern ebenso mit ihrem Verdacht, Henriette umgebracht zu haben. Das Ehepaar stritt nichts ab und bezeichnete die Tat als reine Fürsorge. Ihr Kind habe schon genug gelitten, meinten sie. Die Unterbringung in einer geschlossenen Einrichtung wollten sie ihr ersparen. Ein Fläschchen mit Schierlingssud und dessen Folgen hatten sie für die gnädigere Alternative gehalten.

Das Geständnis ließ die Kollegen Wolf und Peter ratlos zurück. Sie konnten diese Art von Elternliebe nicht nachvollziehen, aber sie hatten in ihrer langen Dienstzeit schon so vieles erlebt, das jenseits ihrer Vorstellungskraft lag.

Höchste Zeit also, sich für die Dauer der Feiertage ganz auf ihre eigene kleine Welt zu besinnen, in der glücklicherweise alles harmonisch, friedlich und voll von echter Liebe war.

Auch im Bückeburger Schloss war nach den turbulenten Ereignissen friedvolle Ruhe eingekehrt. Sie sollte zumindest bis ins neue Jahr währen, denn für Anfang Januar waren Installationen in allen Räumen des historischen Gebäudes geplant, die das Beherbergen heimlicher Bewohner oder das Einschleichen nächtlicher Besucher unmöglich machen würden.

Die zweite Leiche

Ein Aufschrei hallte zwischen den Häusern am Scharn wider. Mindens Innenstadt horchte auf. Wer gegen halb elf rund um den Weihnachtsmarkt letzte Einkäufe erledigte, dem war mit Sicherheit das Blut in den Adern gefroren. Wo konnte er hergekommen sein, dieser unbändige Schrei voller Entsetzen? Das war im ersten Moment nicht zu ergründen, und da nichts weiter passiert oder zu hören war, pulsierte das Leben in der Weserstadt weiter, als wäre nichts geschehen. Das allerdings sollte sich als Trugschluss erweisen.

Manch einer jedoch, der später ankam, hatte den Schrei nicht gehört.

„Sag mal, weißt du, was mit Helene ist?", fragte Trudchen Sievers gegen halb zwölf ihren Standnachbarn zur Rechten.

„Nee, keine Ahnung, hab sie heute nicht gesehen", erwiderte Karl Meier, von allen nur Kalli genannt, und strich seine grauen Haare hinters Ohr. „Vielleicht krank?"

„Möglich, aber gestern war sie topfit", sagte Trudchen zweifelnd und lugte durch den Schlitz im Holz. Der Stand war noch zugeklappt. „Ich seh Licht da drin."

„Eventuell vergessen auszumachen", vermutete Kalli. „Wenn de wen kennst, der ihre Nummer hat, kannste se ja anrufen. Ich muss weitermachen. Die Kundschaft wartet. Meine Würstchen springen nicht von alleine auf die Pappen."

„Ja, ja, schon gut", sagte Trudchen und rührte in ihrem Glühweintopf. Aber es war nichts gut, denn sie hatte ein komisches Gefühl, und das hatte sie noch nie getrogen. Um kurz nach eins näherte sich eine junge Frau dem Stand von Helene und klopfte an. Doch keiner antwortete. Verzweifelt wandte sie sich an Trudchen. „Entschuldigen Sie bitte, aber ist hier heute niemand?"

„Ich glaube nicht", antwortete Trudchen mit bedauerndem Blick. „Normalerweise ist Helene um die Zeit schon hier, aber vielleicht kommt sie heute später."

„Eigentlich hatte sie mir versprochen, dass ich mir in der Mittagszeit die Socken abholen kann, die ich für meine Mutter zu Weihnachten bestellt habe. Echte selbst gestrickte, wissen Sie? Ich arbeite da drin in der Buchhandlung." Sie zeigte auf das große Gebäude hinter sich.

„Ach, bei Hagemeyer unten", wusste Trudchen.

„Genau, ich muss nämlich schleunigst das Päckchen packen, und wenn ich die Socken nicht bald abschicke, dann kommen sie nicht mehr rechtzeitig vor dem Fest an", seufzte die Frau. „Würden Sie denn der Verkäuferin freundlicherweise etwas von mir ausrichten?"

„Das will ich gern versuchen, aber versprechen kann ich nichts", sagte Trudchen. „Es könnte doch sein, dass sie krank geworden ist und gar nicht mehr wiederkommt. Wie heißen Sie denn? Ich notiere mir Ihren Namen für alle Fälle."

„Lange, Andrea Lange. Das ist ganz lieb von Ihnen. Warten Sie, ich schreibe Ihnen auch meine Mobilfunknummer auf."

Die Buchhändlerin zog einen Zettel aus ihrer Tasche. „So, da kann sie mich erreichen."

„Oh, wie schade", hörten die Frauen plötzlich.

Eine grauhaarige Dame, die jünger wirkte als sie zu sein schien, machte ein trauriges Gesicht.

„Hat denn der Stand mit den Stricksachen heute gar nicht geöffnet?", wollte sie wissen. „Ich bin extra aus Todenmann hergekommen. Die Helene hat immer so schöne Stücke. Jedes Jahr decke ich mich ein, aber diesmal habe ich wohl Pech."

„Scheint eine ganze Liste zu werden, die meine Standnachbarin anrufen muss", sagte Trudchen und grinste. „Schreiben Sie Ihren Namen und Ihre Nummer gleich hier noch mit dazu. Aber wie gesagt, garantieren kann ich für nichts. Sie ist heute augenscheinlich nicht gekommen und hat wohl gestern vergessen, das Licht auszumachen. Doch wenn unsere Strickliesel Helene auftaucht, gebe ich ihr den Zettel."

„Das ist wirklich sehr freundlich von Ihnen", bedankte sich Moni Kahlert und notierte ihre Kontaktdaten unter denen der anderen Frau. Doch während sie schrieb, brach die Mine des Bleistifts ab. Er rutschte ihr aus den Fingern und fiel zu Boden. Als sie sich bückte, glaubte sie ihren Augen nicht zu trauen.

Da war Blut, eindeutig Blut.

„Äh, ich glaube, es gibt ein Problem", kam es stockend von Moni, als sie wieder hochkam. Sie zeigte auf den Fleck an der Ecke der Holzhütte.

Die Buchhändlerin zuckte zusammen. Sie war zwar für die Krimiabteilung verantwortlich, aber in der Fantasie waren ihr Blutlachen lieber.

„Ich muss dann mal wieder in die Filiale", beeilte sie sich zu sagen und huschte davon, bevor Moni sie aufhalten konnte, aber immerhin hatten sie ja die Kontaktdaten.

Trudchen Sievers sah unglücklich zu Boden. Das Blut sah frisch aus. Sie vermutete das Schlimmste. Womöglich war Helene überfallen und entführt oder gar umgebracht worden. Sämtliche Farbe wich ihr aus dem Gesicht. Moni hatte Angst, dass sie umkippen würde, und begleitete sie in ihren Stand, wo sie sich hinsetzen konnte.

„Aber was sollen wir jetzt tun?", stöhnte Trudchen.

„Wissen Sie was?", begann Moni. „Ich hole jetzt meinen Verlobten, Hauptkommissar Hetzer. Er ist just noch bei Hagemeyer und wollte nach einer neuen Jeans gucken. Wenn einer weiß, was in so einer Situation gemacht werden muss, dann er. Sie bleiben hier und warten. Einverstanden?"

Trudchen, immer noch ganz bleich, nickte nur.

Moni fand ihren Wolf in der Umkleidekabine. Auf Strümpfen und untenrum nur mit einer Unterhose bekleidet, stand er unschlüssig vor zwei Modellen.

„Nimm beide", sagte Moni, „Hauptsache, du bist hier schnell fertig. Ich brauche dich draußen auf dem Weihnachtsmarkt."

„Wieso, was ist denn passiert?", erkundigte sich Wolf.

„Das kann ich dir nicht genau sagen, aber der Stand, an dem ich die Wollsachen kaufen wollte, ist verschlossen, und an einer Ecke habe ich Blut gesehen. Nicht viel, aber ich fand es doch besorgniserregend. Und innen sei Licht an, sagte die Nachbarin."

„Mysteriös auf jeden Fall", bestätigte Wolf und schlüpfte in seine Jeans, die zwar schon bessere Tage gesehen hatte, aber an ihm saß wie eine zweite Haut. Wozu brauchte er also eine neue?, dachte er und zog den Vorhang der Umkleidekabine hinter sich zu. „Na schön", sagte er, „dann gehen wir der Sache mal auf die Spur."

Als sie am Scharn ankamen, bediente Trudchen gerade einen Herrn, der Glühwein mit Schuss haben wollte. Verständlich bei den eisigen Temperaturen, aber von der Tageszeit her vielleicht noch ein bisschen früh, überlegte Moni, während ihr Verlobter schon mal einen Blick auf die

Blutpfütze warf. Als der Mann mit seinem heißen Gebräu zu einem der Stehtische gegangen war, stellte sich Wolf vor.

„Hetzer mein Name, ich bin Hauptkommissar bei der Bückeburger Kripo. Meine Verlobte berichtete mir von merkwürdigen Vorkommnissen. Haben Sie einen Schlüssel zur Bude Ihrer Nachbarin?"

„Ja", erwiderte Trudchen, „aber glauben Sie, wir können da einfach so reingehen?"

„Wissen Sie, Sie haben natürlich recht. Das würde man im Normalfall nicht", pflichtete Wolf ihr bei, „aber sehen Sie, da niemand weiß, wo die Dame ist und wir zudem Blut gefunden haben, das aus der Hütte geflossen zu sein scheint, schlage ich vor, dass wir den Stand öffnen, um zu sehen, ob Ihrer Nachbarin etwas passiert ist. Eventuell benötigt sie Hilfe. Niemand sollte verletzt oder hilflos und vielleicht ohne Bewusstsein in der Kälte liegen."

„Selbstverständlich", sagte Trudchen Sievers jetzt und händigte Wolf mit zitternden Händen den Schlüssel aus.

„Es bleiben bitte alle zurück", bestimmte Wolf mit Nachdruck. „Ich werde nur kurz einen Blick hineinwerfen, dann sehen wir weiter."

Der Hauptkommissar rechnete mit allem, jedoch nicht damit, dass er auf den ersten Blick anstatt einer gleich zwei leblose Gestalten entdeckte. Dass er bei der einen keine Vitalzeichen mehr prüfen musste, war eindeutig. Ein großes Messer ragte dem Weihnachtsengel aus der Brust, der auf einem Stuhl saß. Sein Griff besaß eine eigentümliche Verzierung. Wolf dachte, dass er so etwas schon einmal gesehen habe. Die andere Frau lag auf dem Boden direkt an der Ecke, an der von außen der Blutfleck zu sehen gewesen war. Sie musste sich den Kopf angeschlagen haben. Hier prüfte er kurz am Hals, ob noch ein Puls zu spüren war, musste aber feststellen, dass sich der Bereich schon sehr kalt anfühlte. Es pulsierte auch nichts mehr. Als er weiter in die Hocke ging, fielen ihm zuerst die Augen auf. Sie starrten aufgerissen ins Nirgendwo. Darüber entdeckte Wolf eine kapitale Platzwunde, die an der Stirn begann und sich über die Kopfhaut zu ziehen schien. Dafür hatte es wenig geblutet, dachte er bei sich. Dann stand er auf. Es war nichts mehr zu machen. Beide Frauen waren tot. Die andere – in Engelsverkleidung – wollte er wegen der Spurenlage nicht berühren. Allerdings wunderte es ihn, dass ihre Hautfarbe noch so rosig wirkte. Aber darum mussten sich andere kümmern. Hier war er nicht zuständig. Vielleicht lag es auch an der unzureichenden Beleuchtung. Wolf holte tief Luft, und während sein Blick über Strickjacken, Socken,

Pullover und Mützen strich, dachte er, dass dieses Handwerk zu wenig gewürdigt wurde. Wer aus der jüngeren Generation war dazu noch in der Lage, aus Wolle etwas herzustellen? Wurde Handarbeiten heutzutage überhaupt noch in den Schulen unterrichtet? Er wusste es nicht. Ihm war nur eines klar. Es blieb ihm nichts anderes übrig, als seinen Kollegen Jörg Herrmann von der Mindener Kripo anzurufen, damit sie mit allem anrückten, was so bei Mord notwendig wurde. Doch vorher musste er dafür sorgen, dass die Damen draußen wenigstens ansatzweise informiert und beruhigt wurden. Auch wollte er den Bereich um den Blutfleck absichern, bis die Kollegen kamen.

Noch in der Bude rief er Jörgs Nummer an, die er glücklicherweise in seinem Smartphone gespeichert hatte. Als der sich meldete, versuchte Wolf möglichst leise zu sprechen, damit niemand draußen etwas mitbekam. Er hoffte, dass das Gedudel des Weihnachtsmarktes seine Worte übertönen konnte.

„Wolf, was für eine Freude!", meldete sich Hauptkommissar Jörg Herrmann. „Willst du mir frohe oder besser gesagt ruhige Weihnachten wünschen?"

„Wäre mir lieber", sagte Wolf mit gedämpfter Stimme, „aber du musst mit der ganzen Kavallerie am Scharn anrücken. Ich hab hier zwei Tote in einem Stand auf dem Weihnachtsmarkt. Davon mindestens ein Mord."

„Da wir nicht den ersten April haben, nehme ich an, dass du das ernst meinst", sagte Jörg Herrmann. Er konnte es nicht fassen. „Zwei Leichen mitten in der Innenstadt? Bei all dem Trubel! Und du hast sie gefunden? Wie konnte das denn bei den vielen Leuten unentdeckt bleiben?"

„Na, sie liegen halt in der Bude", erklärte Wolf. „Nachbarn und Käufer hatten sich gewundert, dass die Inhaberin nicht aufgetaucht ist. Da hab ich kurz nachgesehen. Hätte ja auch falscher Alarm sein können."

„Verstehe", erwiderte Kollege Jörg. „Nicht gerade das, was ich mir in der besinnlichen Endadventszeit vorstelle, aber ich veranlasse alles und bin gleich selbst vor Ort."

„Danke, ich halte hier so lange die Stellung", versprach Wolf.

„Genau, darauf hätte ich auch bestanden", antwortete der Mindener Kollege und verabschiedete sich.

Wolf steckte sein Smartphone wieder in die Hosentasche und trat ins Freie. Dabei versuchte er, den Spalt der Tür möglichst wenig aufgehen zu lassen, damit Neugierige nicht hineinspähen konnten.

„Und?", fragte Trudchen Sievers besorgt.

Kalli stand gleich hinter ihr.

„Tut mir leid, ich kann Ihnen nichts sagen", bedauerte Wolf, der Jörg das Feld überlassen wollte, und Moni wusste sofort Bescheid.

Sie kannte ihn genau. Er schwieg, weil etwas Schlimmes geschehen war. Das würde in diesem Winter also nichts werden mit den neuen Socken. Auch die Strickjacke, die sie sich hatte gönnen wollen, konnte sie nun vergessen. Schade drum, aber noch schlimmer war die Tatsache, dass der Helene offensichtlich etwas passiert war.

„Bitte halten Sie Abstand", bat Wolf noch. „Es gibt in Kürze weitergehende Informationen. Die Mindener Kripo wird gleich hier sein und Sie sicherlich alle befragen wollen."

„Ich hab nix gesehen", sagte Kalle und winkte ab.

Das fehlte ihm noch, dass man ihm die Zeit stahl. Schnurstracks wackelte er in seine Bratwurstbude zurück und tat so, als hätte er mit nichts was zu tun.

Auch Trudchen hatte es eilig, wieder hinter ihren Glühweintopf zu kommen. Ihr war nämlich gar nicht gut, weil ihre Fantasie mit ihr durchging. Sie vermutete ein blutiges Massaker in der Hütte, sah abgetrennte Gliedmaßen vor ihrem inneren Auge und hatte höllische Angst. Möglicherweise ging ein Weihnachtsmörder um, so ein Festtagshasser, der es nach und nach auf jeden Budenbetreiber abgesehen hatte. Vielleicht sollte sie ihren Stand schließen und ihr nacktes Leben retten. Sonst würde ihr der Profit auch nichts nützen, wenn sie erst mal tot war.

Doch plötzlich wurde sie aus ihren Gedanken gerissen. Es kamen zwei Streifenwagen mit Blaulicht und Martinshorn direkt in die Gasse mit den Weihnachtsbuden gefahren. Die Beamten sperrten das Gebiet um Helenes Stand weiträumig ab. Leider bedeutete das auch, dass sie selbst die Platten ausstellen musste und ihren Glühwein vergessen konnte.

Trudchen rettete sich zu Kalli, dessen Bude weiterhin frei zugänglich war.

„Biste verrückt", staunte Bratwurst-Meier und biss in eine Krakauer. „Willste auch eine?"

Doch Trudchen hatte ganz gewiss keinen Appetit und schüttelte den Kopf.

„Wir werden berühmt", wusste Kalli. „Bestimmt ist morgen ein Bild in der Zeitung, wo wir mit drauf sind. Die Leute knipsen heute ja alles und schicken es wo hin."

„Dass du an so was denken kannst", stöhnte Trudchen. „Ich muss immer an die arme Helene denken. Der ist bestimmt etwas ganz Schreckliches passiert. Guck mal, wie viele Vermummte da jetzt rumlaufen. Das machen die doch nur, wenn wer ermordet worden ist." Sie zitterte.

„Ja, aber dann hat sie es doch schon hinter sich", versuchte Kalli sie zu beruhigen. „Helfen können wir ihr nicht mehr, aber sie uns, wenn das Publicity bringt und wir mehr Würstchen oder Glühwein verkaufen können."

Trudchen machte ein unglückliches Gesicht. „Also, ich verkauf heute bestimmt nix mehr, wenn ich das so sehe, und wer weiß, wann der Bereich wieder freigegeben wird."

„Frag doch mal, ob du den Topf rüberholen kannst", schlug Kalli vor und brachte ein Leuchten in Trudchens Augen.

Hinter der Absperrung, direkt an Helenes Stand, trafen die Hauptkommissare der benachbarten Städte zusammen. Bückeburg und Minden lagen nicht weit voneinander entfernt und doch in verschiedenen Bundesländern. Mitten zwischen ihnen verlief die Grenze von Nordrhein-Westfalen und Niedersachsen.

„Hetzer, alter Schwerenöter", begrüßte Jörg Herrmann ihn freundschaftlich mit einem Schlag auf die Schulter, „kannst du nicht einfach wie andere Leute bummeln gehen, ohne dabei auf eine Leiche zu stoßen?" Er grinste. „Das versaut mir die Feiertage!"

„Jetzt weißt du, warum heutzutage so viele Leute im Internet bestellen", konterte Wolf. „Ist ungefährlicher! Aber Spaß beiseite. Ein Mordopfer ist erstochen worden. Eine zweite Frau liegt leblos auf dem Boden."

„Na, dann wollen wir mal sehen", sagte Jörg, stieg in seinen Papieranzug und streifte sich die Füßlinge über.

Dann betrat er Helenes Bude.

Warum er darin plötzlich lauthals lachte und sich dann sofort den Mund zuhielt und nurmehr prustete, erschloss sich Wolf nicht. Er wartete an der Tür, um den Fundort nicht noch weiter zu kontaminieren.

Kurze Zeit später kam Jörg wieder heraus und schmunzelte noch immer.

„Verdammt echt, die blonde Schönheit", flüsterte er Wolf zu, „aber sag mal, hast du nicht bemerkt, dass das ein Püppchen im Engelsgewand ist?"

In diesem Moment hätte sich der Bückeburger Hauptkommissar in Grund und Boden schämen wollen. Und dabei hatte er sich noch über die zu gesunde Hautfarbe der Dame gewundert. Aber die Inszenierung war so perfekt gewesen, dass er nie auf die Idee gekommen wäre, es mit einem Wesen aus Silikon und Metall zu tun zu haben.

„Lass mal sehen", bat er, nahm Handschuhe und Überzieher entgegen und betrat die Holzhütte.

Auch jetzt noch, wo er wusste, dass die Frau nicht aus Fleisch und Blut war, staunte er über deren täuschend echtes Erscheinungsbild.

„Ich hatte sie nicht berührt", versuchte er als Erklärung, um der Peinlichkeit etwas entgegenzusetzen.

„Mach dir nichts draus", sagte Jörg und zwinkerte ihm zu. „Ich hab es auch erst geschnallt, als ich am oberen Hals ihren Puls fühlen wollte und plötzlich der Kopf vibrierte." Er schmunzelte. „Steck ihr mal den Finger in den Mund!"

Wolf Hetzer schüttelte amüsiert den Kopf.

„Die Frau da unten auf dem Boden ist echt", berichtete Jörg, „und zwar echt tot. Sie hat eine massive Platzwunde. Dafür ist die Lache eher klein. Das hätte wesentlich mehr bluten müssen. Na ja, die Rechtsmedizin wird schon eine Erklärung dafür haben. Trotzdem verstehe ich das Ganze nicht. Was soll das? Eine erstochene Liebespuppe als Engel verkleidet in einem Strickstand … Fällt dir dazu was ein? Ich meine, als Deko war sie doch denkbar ungeeignet."

„In einer Geisterbahn hätte man sie eventuell gebrauchen können, aber hier auf dem Weihnachtsmarkt sicher nicht", stimmte Wolf zu. „Ihr solltet zusehen, dass das bloß keiner mitkriegt. Stell dir mal die Schlagzeilen vor!"

„Tja, im Grunde genommen können wir hier einpacken", seufzte Jörg, „denn die ältere Dame – Helene Barkhausen heißt sie, glaube ich – hat sich den Kopf hier an der Kante angeschlagen. Guck mal. Vielleicht ist ihr schwindelig geworden. Aber da können wir sicher von einem bedauerlichen Unfall ausgehen. Ich habe keine Anzeichen von Fremdeinwirkung gefunden. Soll der Rechtsmediziner gleich noch mal einen Blick drauf werfen, aber wenn der auch nichts feststellt, blase ich das gesamte Tamtam hier ab."

Hauptkommissar Wolf Hetzer runzelte die Stirn.

„Trotz der merkwürdigen Inszenierung des Engels?", hakte er nach. „Der schien doch absichtlich da drapiert worden zu sein."

Kollege Jörg sah ihn verschmitzt an. „Woher willst du das wissen? Vielleicht gehörte diese Helene einer Theatergruppe an, und sie spielten einen Weihnachtskrimi", mutmaßte Herrmann. „Oder ein dummer Scherz."

„Wer macht denn solche Witze? Und das auch noch mit einer Lustpuppe?", erkundigte sich Wolf verstört. Das konnte der Mindener doch nicht ernst meinen und den Fall schließen wollen. „Soweit ich weiß, sind die künstlichen Damen irre teuer, wenn sie so lebensecht gemacht sind wie diese hier. Die können schon gut ein paar Tausend Euro kosten. Wir hatten so eine mal beim LKA Hannover gesehen, als wir bei meinem Kumpel, dem Profiler Thorsten Büthe und seinem Team, waren. Also, ich kann alles verstehen, auch einen Engel fürs Bett, aber einen mit einem Messer in der Brust, den kann man meiner Meinung nach nicht ignorieren. Was der hier zu suchen hatte, das solltet ihr herausfinden."

„Meinste echt?", fragte Jörg und schlug sich auf die Schenkel. „Dann wird das wohl doch nichts mit ruhigen Weihnachten. Tja, wenn man's recht bedenkt, könnte so ein erstochenes Püppchen auch eine Warnung sein. Nur wovor?"

„Du hast mich reingelegt", zischte Wolf.

„Nur ein bisschen", gab Jörg zu. „Ihr Niedersachsen seid immer so ernst. Dabei ist das hier doch wirklich eine bekloppte Geschichte. Irgendwie muss dat verblischene Engelsche ja in den Stand jekommen sin. Schien sich jemand richtig was kosten lassen zu wollen."

Wolf überlegte noch, ob er auf den Kollegen sauer sein sollte, hatte aber eine Idee. „Nun stell dir mal vor", begann er, „du wärst eine Dame spätmittleren Alters – so um die 60 wird die Helene Barkhausen doch wohl sein. Und du kommst morgens in den dämmrigen Stand. Dann sitzt da ein abgestochener Weihnachtsengel. Also, selbst ich hätte da im ersten Moment einen Heidenbammel gekriegt."

„Du meinst, ihr ist der Schreck in die Glieder gefahren und drum ist sie zurückgewichen und möglicherweise gestolpert?", hakte Jörg nach.

„So in etwa", erwiderte Wolf vorsichtig. Er wollte dem Mindener keine Bühne mehr für weiteren Ulk bieten. „Allerdings kann ich die Schwere der Verletzung nicht beurteilen. Hatte sie nur eine Platzwunde oder führte der Sturz zur Beeinträchtigung der Schädelknochen und des Gehirns? Sei es, wie es sei. Meiner Meinung nach hätte es mehr bluten müssen. Du weißt doch, dass das im gesamten Kopfbereich so ist. Daher schätze ich, sie starb innerhalb kürzester Zeit, weswegen die Blutung stoppte."

„Interessanter Gedanke", musste Jörg zugeben. „Ich könnte mir auch vorstellen, dass sie sonst um Hilfe gerufen oder zumindest gewimmert hätte. Na ja, nach den ersten Untersuchungen werden wir schlauer sein. Wolf, ich werde dich auf dem Laufenden halten und danke dir für deine Unterstützung."

„Gerne", sagte Wolf und hatte seinen Ärger schon vergessen.

„Ach, und nix für ungut, dass ich dich vorhin ein bisschen hochgenommen habe", fügte Kollege Jörg noch grinsend hinzu. „Wir Nordrhein-Westfalen – und speziell ich als Rheinländer – sind eben Frohnaturen."

Und Kamele (nicht Kamelle), dachte Wolf, die das Gras noch mal von der Wunde wegfressen, über die es eben schon wieder gewachsen war. Aber er sagte nichts und winkte nur noch im Gehen, während sich Moni bei ihm auf der anderen Seite unterhakte.

Moni war es auch, die drei Tage später einen Anruf erhielt. Es war der 21. Dezember.

„Guten Morgen, Papenbrink mein Name", sagte die Stimme. „Sie kennen mich nicht. Ich bin die Nichte von Helene Barkhausen, der Dame mit dem Strickstand am Mindener Scharn. Sie hatten der Nachbarin Ihre Nummer gegeben."

„Ach ja, guten Morgen", erwiderte Moni verdutzt. „Es tut mir sehr leid, was Ihrer Tante passiert ist."

„Ja, das ist wirklich sehr schrecklich", stimmte Jana Papenbrink zu. „Weswegen ich anrufe … Sie hatten sich für die Strickwaren meiner Tante interessiert. Nun, ich kann damit nichts anfangen. Mittlerweile habe ich alles hier. Also, wenn sie die Handarbeiten durchschauen wollen, ob Ihnen etwas gefällt, können Sie gerne zu mir kommen. Ich wohne in Kleinenbremen."

Moni freute sich. „Oh, das ist ja just um die Ecke. Ich bin aus Todenmann", erklärte sie. „Wann würde es Ihnen denn passen?"

„Ja, dann gerne noch heute im Laufe des Tages, wenn es Ihnen recht ist, aber bitte erst nach 13 Uhr", schlug Jana Papenbrink vor und übermittelte ihre Adresse.

Es schneite, als sich Moni in Richtung Kleinenbremen aufmachte und kurz nach ein Uhr auf den Hof von Helenes Nichte fuhr. Auf dem Weg dorthin war ihr ein Lieferwagen mit der Aufschrift „Mottopartys“ entgegengekommen. Darüber musste Moni grinsen, denn sie hatte sich als Kind wahnsinnig gerne verkleidet und tolle Geschichten ausgedacht. Dass man mit so etwas heute Geld machen konnte, war interessant, aber zugleich auch erschreckend. Sie hatte damals nur einen alten, roten Rock von ihrer Großmutter gehabt. Doch der diente – je nachdem, wie man ihn trug – als Ritterumhang, Prinzessinnenkleid oder Hexenrock. Verkümmerte die Fantasie der Menschen, wenn man ihnen alles ganz genau bildlich vorgab, oder wurde sie dadurch angeregt? Moni wusste es nicht. Voller Vorfreude parkte sie vor einem in die Jahre gekommenen Haus und stellte den Motor ab. Dass am Klingelschild „Henze“ stand, wunderte sie. Nach kurzem Zögern drückte sie trotzdem auf den Knopf. Es schellte innen, und sogleich hörte sie Schritte. Eine junge Frau öffnete und strahlte sie an.

„Frau Kahlert?“, fragte sie.

„Genau“, erwiderte Moni. „Dann sind Sie Frau Papenbrink? Hier steht nämlich ein anderer Name.“

„Entschuldigung, das hätte ich erwähnen müssen“, bedauerte Jana Papenbrink. „Ich habe bei mir zu Hause in der kleinen Wohnung nicht genug Platz für die ganzen Handarbeitswaren. Außerdem bin ich sowieso meistens hier bei meinem Freund. Demnächst wollen wir zusammenziehen.“

Moni lächelte sie an. „Ist doch alles gut“, sagte sie. „Ich hätte mich von dem Schild nicht abschrecken lassen und sowieso geklingelt, um nach Ihnen zu fragen. Es wäre ja auch möglich gewesen, dass ich mich bei der Hausnummer verhört hätte.“

„Fein, dann kommen Sie mal mit durch“, bat die junge Frau. „Ich habe alles im Gästezimmer sortiert und zurechtgelegt. Glücklicherweise konnte mir mein Freund die Sachen aus dem Stand abholen.“

„Ach, war das der Lieferwagen, der mir eben entgegengekommen ist?“, erkundigte sich Moni.

Die Nichte nickte und öffnete die Zimmertür. Jetzt hatte Moni, die eigentlich noch etwas zu den Mottopartys gesagt haben wollte, nur noch Augen für die wunderschönen Strickwaren. Fein ziselierte Ajourmuster, isländische Jacquardpullover und -jacken, Mützen, Socken und sogar ein Muff, doppelt gearbeitet … Sie konnte sich gar nicht sattsehen.

„Haben Sie denn eine Liste mit den Preisen“, erkundigte Moni sich, nachdem sie ungefähr im Blick hatte, was sie mitnehmen wollte.

„Leider nein", antwortete Jana Papenbrink, „aber teilweise sind die Stücke ausgezeichnet, da geben Sie mir die Hälfte und bei den anderen Sachen überlegen wir uns was."

„Das ist aber großzügig", freute sich Moni, die ja wusste, dass es nichts Neues mehr von Helene geben würde.

„Ach, wissen Sie, meine Tante hatte keine anderen Verwandten mehr", erklärte die Nichte, „und sie war nicht unvermögend. Wenn ich also jemandem eine Freude mit ihrer Arbeit machen kann, dann hätte das sicher auch ihr gefallen."

„Stricken und häkeln Sie denn nicht?", wollte Moni wissen.

„Gott bewahre!", kam als Antwort. „Ich ziehe so was auch ganz bestimmt nicht an. Es kommen noch ein paar Leute, aber was danach übrig bleibt, bringe ich zur Caritas oder in den Container."

Moni zog es das Herz zusammen. Sie kaufte alles, was sie nur irgendwie gebrauchen konnte oder zu verschenken gedachte, und zahlte dafür ihrer Meinung nach nicht einmal den Materialwert. Doch was nützte es?

Helene bekam kein Salär mehr für das Werk ihrer fleißigen Hände. Aber auf diese Weise erfuhren die Handarbeiten wenigstens die Würdigung ihrer künftigen Besitzer. Sie selbst freute sich riesig über ihre neue Strickjacke, mit der sie schon im Jahr davor geliebäugelt hatte.

Als Wolf Hetzer am Abend nach Hause kam, fand er seine Verlobte mit einem Buch in der Eckbank vor. Sie hatte sich in ihr neues islandwolliges Kleidungsstück gehüllt und las bei einer Tasse Tee.

„Sehr schick", freute er sich, als er sie so gemütlich da sitzen sah. „Ist das nicht die, die du im letzten Winter auf dem Weihnachtsmarkt so gerne haben wolltest?"

Sie grinste und nickte. Dann gab sie ihm einen Kuss.

„Genau, aber wahrscheinlich ein Duplikat", erwiderte sie.

„Hätte mich auch gewundert, denn ich war damals extra nach Minden gefahren, um sie dir zu holen, doch da war sie leider schon weg."

„War jetzt meine letzte Chance", sagte sie traurig. „Es wird ja aus Helenes Händen keine mehr geben. Gibt es eigentlich schon was Neues?"

Hetzer seufzte. „Ach, in Minden kommen sie nicht weiter. Höchstwahrscheinlich hat der Engel mit dem merkwürdig verzierten Messer in der Brust wohl dazu gedient, die Standbesitzerin zu Tode zu erschrecken, denn sie hatte ein sehr schwaches Herz."

„Mord?“, fragte Moni erschrocken.

„Tja, das müsste man erst mal beweisen“, antwortete Wolf. „Sie hatten die Nichte ins Visier genommen, denn sie ist die Alleinerbin eines ganz schönen Sümmchens einschließlich einer vermieteten Immobilie, aber die konnte ein Alibi vorweisen und war laut Handydaten auch überhaupt nicht in Minden gewesen.“

„Was hast du denn mit merkwürdig verziert gemeint?“, erkundigte sich Moni.

„Der Griff des Messers war auffällig“, berichtete Wolf. „Er bestand aus drei umeinander gewundenen Drachenhälsen. So wie bei der Medusa, weißt du. Und ich glaube, das Motiv kürzlich irgendwo gesehen zu haben. Nur wo? Keine Ahnung!“ Er zuckte mit den Achseln. „Da sind sie jetzt jedenfalls noch dran in Minden.“

Moni überlegte kurz. „Also bei drei Drachen fällt mir nur diese Serie ein, wo es immer um die Macht geht. Erinnerst du dich? Diese zerrüttete Familie mit dem Zwerg.“

Im ersten Moment guckte Wolf doof aus der Wäsche, dann lachte er plötzlich.

„Meinst du ‚Game of Thrones‘?“, erkundigte er sich.

„Ja“, freute sich Moni, „und dazu fällt mir auch noch was ein. Bestimmt gibt es da doch unzählige Fanartikel. Leute, die sich solche Klamotten anziehen, wie aus der Serie, um selbst diese schöne Prinzessin mit den platinblonden Haaren zu sein oder so.“

„Bestimmt gibt es solche Verrückten“, erwiderte Wolf, „aber ich weiß nicht, worauf du hinaus willst.“

„Ganz einfach“, sagte Moni. „Die Nichte von Helene wohnt wohl zeitweise bei ihrem Freund in Kleinenbremen, und der bietet Mottopartys an. Womöglich auch welche in diesem Bereich. Sein Lieferwagen ist an mir vorbeigefahren, als ich mir die Stricksachen angucken wollte.“

„Ach, du warst gar nicht direkt bei ihr zu Hause?“, wollte Wolf wissen.

Moni schüttelte den Kopf.

„Hm“, grübelte er murmelnd, „das könnte ja passen. Lieferwagen für den Transport, Verkleidung. Wäre ganz schön schlau, einen Mord auf diese Weise zu planen. Man müsste den Kerl nur zu fassen kriegen, aber darum sollen sich die Mindener kümmern. Du entschuldigst mich kurz, ich muss dringend den Jörg anrufen.“

Den erwischte er auch, aber das nächste Mal, dass er ihn persönlich sah, war am Morgen des Heiligen Abends am Scharn mit einem Glühwein vor der Nase.

„Mensch, Wolf, ich weiß gar nicht, wie ich dir danken soll", sagte er und nahm einen Schluck. „Also ich hatte meine Weihnachtsferien schon abgeschrieben. Dabei wollten wir endlich mal wieder zum Skilaufen, jetzt, wo die Kinder aus dem Haus sind."

„Ist er denn geständig?", hakte Wolf nach.

„Nicht was die Heimtücke betrifft", berichtete Jörg. „Er hat es wie einen Scherz dargestellt. Das glaubt ihm natürlich keiner. Auf jeden Fall hat er einen Berg voller Schulden. Auch sein Haus ist mit Hypotheken belastet. Na, wir werden sehen, wozu er verknackt wird."

„Und die Nichte war völlig ahnungslos?" Wolf war verwundert.

„Total", bestätigte Jörg, „aber sie hat sofort, nachdem wir sie damit konfrontiert hatten, jeglichen Kontakt zu dem Kerl abgebrochen. Doch jetzt lass uns mal an was Schönes denken! Was macht ihr denn an Weihnachten?"

Wolf grinste. „Nix! Rein gar nix! Nur entspannen und die gemütlichen Wintertage genießen. Wir haben doch selten so viel Schnee, und es soll auch noch sonnig werden. Ich freue mich auf ein paar Tage ungestörter Gemütlichkeit."

„Na dann", sagte Jörg und schlug ihm freundschaftlich auf die Schulter, „dann wollen wir beide mal hoffen, dass es über die Feiertage ruhig bleibt."

Niemand wünschte sich das mehr als Wolf, während er seinen letzten Schluck Glühwein trank.

Im Radio dudelte mal wieder „Last Christmas", obwohl noch gar kein Winterwundergefühl aufkommen konnte. Es mieselte nämlich, wie man hier so schön in Teilen des Weserberglands sagte. Der Herbst hielt die Gegend fest im Griff, dabei war es bereits Anfang Dezember, und die Weihnachtsmärkte sehnten sich – des Ambientes wegen – nach Schnee oder zumindest frostigen Temperaturen. Oberkommissar Peter Kruse stöhnte. Wie sollte bei dem feuchten Vier-Grad-Schmuddelwetter auch Adventsstimmung aufkommen? Und was sollte er in diesem Kaff, wo sonst nur Senioren zur Kur hinfuhren? Bad Pyrmont! Das klang schon alt. Und wahrscheinlich gab es da auch nur gesunde Sachen zu essen. Heilsames Wasser, wirkungsvolle Dämpfe und womöglich dieses Grünzeug, das sich Salat nannte. Blätter – eigentlich für grasendes Nutzvieh bestimmt –, die man den Menschen versucht hatte, schmackhaft zu machen, indem man italienisches Zeugs drübergoss oder sie mit Schinken, Käse oder anderen Dingen tarnte. Als Kind war er das letzte Mal dort gewesen und hatte es auch schon langweilig gefunden, bis auf den Kuchen.

Missmutig kratzte er mit dem Fuß im Split zwischen den Steinen und versuchte, gute Miene zu machen. Dabei hatte er einen irren Hunger auf was richtig Deftiges. Ja, er war nur hier, weil er seine Frau Nadja liebte. Die hatte einen Faible, den Dingen auf den Grund zu gehen. Heute wollte sie einem historischen Bericht nachgehen. Angeblich war ein Stück Fleisch in dieser Grotte, an der sie warteten, neun Tage lang nicht vergammelt. Peter ahnte, dass Nadja etwas Besonderes im Sinn hatte, denn sie forschte momentan daran, wie man Leichen auch ohne Kühlung haltbar machen konnte.

Seine Holde bemerkte allerdings nicht, dass er vor Langeweile bald im Stehen einschlief, denn die Rechtsmedizinerin war voll aufgeregter Vorfreude. Chemie war eines ihrer Steckenpferde, aber im Grunde genommen interessierte sie sich für jeden Bereich der Naturwissenschaften. Dieses Phänomen des trockenen Kohlendioxid-Gasaustritts hatte sie schon immer sehen wollen, und nun bekamen sie sogar eine Extraführung, außerhalb der normalen Öffnungszeiten, und vielleicht konnte sie sich für ihre Labortests sogar etwas abschöpfen.

Peter ließ das völlig kalt, was da aus Tausenden von Metern zwischen Steinen hochstieg. Mit Kohlensäure oder Ähnlichem beschäftigte er sich nur bei einem Bier, wenn er versuchte, die Blasen wieder loszuwerden. Dabei kam es darauf an, ob er allein war und herzhaft rülpsen konnte. In Gesellschaft musste er den Druck leider unbemerkt entfleuchen lassen. Das ganze Theater um ein bisschen CO_2 verstand er nicht. Man bekam es doch in Zylindern, um sich selbst Wasser aufzusprudeln. Es juckte ihn auch überhaupt nicht, dass Goethe seinerzeit ein paar Flaschen von dem Gaszeugs mit nach Weimar genommen hatte, um die Leute dort mit angeblicher Zauberei zu beeindrucken. Viel zu viel Gedöns um etwas, das man nicht einmal sehen oder riechen konnte … nur schmecken hieß es. Hoffentlich kam der Typ bald.

Das Paar hatte sich unter das Dach direkt an die Glasfront der Dunsthöhle gestellt. Dort war es wenigstens von oben trocken, während die Luftfeuchtigkeit durch die Klamotten drang. Peter trat von einem Bein auf das andere und sah bisweilen auf die Uhr. Dieser Herr Höhlenwächter ließ sich aber Zeit. Genervt vom Nichtstun und Warten begann er an den Scheiben entlangzugehen und versuchte, einen Blick in die Grotte zu werfen, aber es war zu dunkel.

Plötzlich lief eine Gestalt auf sie zu und gestikulierte wild.

„Verzeihen Sie, ich bin ein wenig zu spät“, sagte Werner Brockmann und zog den Schlüssel aus der Tasche. „Sie können ruhig gleich mit reinkommen. Höher als bis zum Geländer steigt das Gas nicht.“ Er stutzte mit einem Mal. „Die Eingangstür ist offen. Haben Sie hier jemanden gesehen?“

„Nee, außer uns hat sich lange keiner blicken lassen“, sagte Peter mit grimmigem Unterton. Er wollte das hier schnell hinter sich bringen, um anschließend in einem Schnitzel- oder Steakhaus zu entspannen.

Doch der Brockmann wurde unruhig und rannte zum Geländer, das oberhalb der Steinmauer verlief.

„Oh, mein Gott“, rief er, denn unten, direkt auf dem Boden am Eingang der Grotte, lagen zwei leblose Gestalten und ein Zettel.

Peter, nun ganz in seinem Element als Kriminalbeamter, wollte die Treppe hinunterstürmen, um zu retten, was eventuell noch zu retten war, doch sowohl Nadja als auch Brockmann hielten ihn zurück.

„Zu gefährlich! Außerdem sind die mit Sicherheit tot", sagte seine Frau bedauernd. „Da brauchst du gar nicht nachzusehen. Leider!"

„Wie willst du das so genau wissen?", konterte Peter, der nicht überzeugt war.

„Wenn du dich auch so ein bisschen mit Chemie beschäftigt hättest wie ich, dann wüsstest du, dass sich da unten nichts anderes als tödliches CO_2 befindet. Nur drei Atemzüge, schon wirst du bewusstlos, und in fünf bis zehn Minuten erstickst du, ohne es zu merken", erklärte sie.

„Ja, und wir wissen nicht mal, wie hoch der Gasspiegel heute ist", fügte Brockmann an. „Es hängt vom Luftdruck und der Temperatur ab. Ich müsste es mit einer Kerze testen."

Peter tippte sich an die Stirn. „Mit einer Kerze, wie vorsintflutlich", stöhnte er. Hier war wirklich alles alt. „Da gibt es doch längst digitale Warngeräte."

„Schon", erwiderte Brockmann und zog einen Stumpen aus der Jacke, „aber die zeigen zu sensibel an und würden hier überall piepen. Eine Kerze geht erst bei 30 Prozent Konzentration aus, und darüber könnte ein Mensch noch überleben."

Peter und Nadja sahen zu, wie er eine Kerze entzündete und sie vom Geländer aus nach unten führte. Dabei versuchte er, den Kopf möglichst oben zu lassen. Schon bei der zweiten Querstrebe ging die Flamme aus.

„Puh", seufzte Brockmann, „das Gas steht ziemlich hoch. Da kann ohne Atemschutz niemand runter."

„Schon klar", sagte Peter, „dann müssen die Beamten eben eine Gasmaske aufsetzen. Ich ruf jetzt die Kripo in Bad Pyrmont an, dass sie wen vorbeischicken." Er tippte bereits in sein Handy. „Ja, hallo, Kruse mein Name, besser gesagt Oberkommissar Peter Kruse aus Todenmann, Dienststelle Bückeburg. Ich steh hier gerade zufällig mit meiner Frau und dem Herrn von der Grotte in der Grotte. Brockmann heißt er. Sie kennen ihn bestimmt. Unten in der Dunsthöhle liegen zwei Leichen. Die Tür hat jemand aufgebrochen. Ihr könnt mit allem Tamtam herkommen. Nur die Rechtsmedizin ist schon hier."

Peter lauschte in die Muschel.

„Nee, das ist meine Frau, Doktor Nadja Serafin, eine Koryphäe auf dem Gebiet", fügte er hinzu. „Aber bringen Sie eine ordentliche Menge an Gasmasken mit. Der ganze Bottich ist voll bis obenhin."

Es dauerte eine Weile, bis die Einsatzkräfte eintrafen. Was für ein Dilemma, rein gar nichts tun zu können, als auf die bedauernswerten Personen zu starren oder eben den Blick abzuwenden.

Peter kannte keinen von den Kollegen aus der Kurstadt, aber Nadja glaubte ihren Augen nicht zu trauen.

„Heiner?", fragte sie ungläubig. „Du? Seit wann bist du hier?"

„Seit dem Sommer, mein Sonnenschein", antwortete der sportliche Typ grinsend und zwinkerte ihr zu.

Peter verfolgte das Ganze ungläubig. Was fiel dem ein, Sonnenschein zu seiner Frau zu sagen? Das durfte ja wohl höchstens er selbst, auch wenn er das so nie sagen würde! Schleimiges Gewäsch! Der wollte Nadja wohl anbaggern. Am Ende hatten die zwei mal was Laufen gehabt … Und dann sah der auch noch so unverschämt gut aus, mit Sixpack und so. Das war der Bereich, wo Peters Frikadellen ihrem Namen gerecht geworden waren und ebenfalls eine bauchumgreifende Delle verursacht hatten.

„Und Sie sind der Kommissar?", quatschte ihn eine kleine Rothaarige von links an.

„Oberkommissar", betonte Peter mit stolzer Brust.

Er streckte sich ein bisschen, denn das bügelte einen Teil der Rundungen weg.

„Wunderbar", kam von der Roten, die ihm die Hand hinhielt. „Darf ich mich vorstellen? Hauptkommissarin Rieke Scharf."

„Angenehm", sagte Peter, obwohl es ihm höchst unangenehm war, geradezu peinlich. Sie war ranghöher, und dann hieß die auch noch so komisch.

„Sie hatten bei uns angerufen, also sind Sie mit im Boot", fuhr sie fort und schwenkte zwei Gummimasken. „Na, dann mal ran!"

Peter dachte, dass ihm an diesem Tag wirklich nichts erspart blieb. Während Nadja mit dem Heinerle turtelte, musste er mit der scharfen Rieke in die Gruft – und das auch noch maskiert wie mit einem Fetisch. Mit dem Ding bekam er kaum Luft und verlor außerdem seine Frau aus den Augen.

Rieke Scharf ging mit einer Taschenlampe voran, während ihre Kollegen begannen, die gesamte Grotte auszuleuchten. Ein Wetterzelt konnten sie sich zum Glück sparen.

Wie von Nadja prognostiziert, war kein Leben mehr in dem Paar, das auf dem Boden lag. Peter schätzte beide so um die 60 Jahre. Ob sie zu-

sammengehörten, ließ sich nicht auf den ersten Blick feststellen. Während sie festlich gekleidet war, trug er eher Alltagsklamotten, fiel Peter auf. Vielleicht würde der Zettel Aufschluss geben, den Hauptkommissarin Scharf soeben aufgehoben hatte und nun so hielt, dass er ihn auch lesen konnte.

Mein Liebster,

bitte verzeih, dass ich freiwillig aus dem Leben scheide, aber der Tumor in meinem Kopf hätte mich zu einem Pflegefall gemacht. Schon jetzt ist der Schmerz unerträglich.

Ich habe keine Kraft mehr und möchte dir nicht zur Last fallen, also gehe ich.

Leb wohl und denk immer an mich!

In ewiger Liebe, deine Marianne

Die Kommissare sahen sich an. Beide hatten Fragezeichen in ihren Augen. Zu tun blieb dort unten nichts mehr, da mussten jetzt andere ran. Peter zeigte nach oben. Rieke nickte.

Es war eine Wohltat, die Maske hinter dem Geländer abzureißen und einmal tief durchzuatmen.

„Tja", sagte Rieke Scharf, „die Frau und den Zettel könnte ich verstehen, dann würde ich an Suizid glauben, aber was hat der Mann da unten zu suchen? Ist es wohl ihr eigener?"

„Davon gehe ich aus", antwortete Peter, „denn sie trugen denselben auffälligen Ehering, sah ich eben noch."

„Hm, werden wir überprüfen, aber wenn es ein erweiterter Selbstmord wäre, dann würde der Inhalt des Briefes nicht passen", wunderte sich die rothaarige Rieke. „Dann hätten beide so was in der Art geschrieben, dass sie nicht mehr konnte und er deshalb nicht mehr wollte."

Peter zuckte mit den Schultern und lugte mit halbem Auge zu Nadja rüber, die am Rand mit dem Heinerle tuschelte. Währenddessen wurden die beiden Toten nach oben getragen. Schluss mit dem innigen Gequatsche. Nun kamen die Rechtsmediziner ins Spiel. Eine kurze Begutachtung vor Ort war vielleicht schon hilfreich, hofften die Kommissare und sollten tatsächlich nicht enttäuscht werden.

„Ui", zischte Heiner Schmidtke, als er die rechte Kopfseite des Mannes betrachtete, „das sieht mir aber nach einem heftigen Sturz oder Schlag aus."

„Oh ja", blies Nadja ins selbe Horn, „eine kapitale Schädelverletzung, wahrscheinlich mit Fraktur." Sie drückte auf die knöcherne Platte, die unnatürlich nachgab, und besah sich anschließend die Arme. „Aber keine sichtbaren Abwehrverletzungen, nur augenscheinlich ein Bruch im rechten Oberarm."

Heiner, der mit der toten Frau beschäftigt war, hatte sich über die schwach bemuskelten Unterschenkel gewundert und ihr einen der Schuhe ausgezogen. Die Füße wirkten sichelförmig und wiesen keinerlei Hornhaut auf. Rechtsmediziner Heiner nickte wissend.

„Die Tote ist auf keinen Fall selbst dort hinuntergestiegen", behauptete er.

„Warum?", wollte Hauptkommissarin Scharf wissen. „Wie kommen Sie darauf?"

„Ganz einfach", erwiderte Heiner Schmidtke. „Sie ging überhaupt nicht. Ich wette, sie saß normalerweise in einem Rollstuhl."

„Das ist ja krass", entfuhr es Peter. „Dann muss er sie da ja heruntergetragen haben, um sie zum Sterben hinzulegen."

Rieke stöhnte. „Damit könnte es Mord sein oder auch Sterbehilfe oder was auch immer. Wir wissen doch nicht mal, ob sie den Abschiedsbrief selbst geschrieben hat."

„Ich denke schon", kam von Nadja, „denn in ihrer Hosentasche habe ich einen Einkaufszettel mit derselben Schrift gefunden. Die sieht mir auch eher weiblich aus, fast kunstvoll geschwungen, aber da kann man sich natürlich irren. Es werden sich weitere Vergleichsproben finden lassen. Könnte natürlich auch erzwungen sein."

„Okay", sagte Peter, „nehmen wir erst mal an, sie wollte sterben, und er hat sie hier hingebracht, um ihr den Wunsch zu erfüllen. Warum ist er dann auch tot?"

„Vermutlich hat er den Pegelstand des Gases unterschätzt", schaltete sich Werner Brockmann ein, der bisher nur am Rand gestanden hatte. „Wie gesagt, es braucht nur drei Atemzüge bis zur Bewusstlosigkeit. Wenn man damit rechnet, dass sich das Gas nur ein Stück weit oberhalb des Fußbodens befindet, wie es auch oft vorkommt, vor allem im Winter, dann kann man ganz unbesorgt die Treppe hinabsteigen, jemanden dort unten hinlegen und ganz einfach weggehen. Aber heute wäre das unmöglich zu schaffen. Er könnte plötzlich schwindelig geworden und in die Grotte hinabgestürzt sein."

Große Ratlosigkeit machte sich breit. Die Theorie des Höhlenmannes klang einleuchtend, aber irgendwie kam es Peter zu einfach vor. Wenn sich jemand überlegte, einen anderen auf diese Weise umzubringen, dann hatte er sich auch mit der Materie beschäftigt und musste damit rechnen, dass der Gaspegelstand hoch sein konnte.

Peter selbst jedenfalls hatte den Kanal mehr als voll. Sein inneres Gleichgewicht war nicht unbedingt durch die tragische Tatsache gestört worden, dass man zwei Leichen entdeckt hatte, sondern dadurch, dass es in ihm knurrte – sowohl in seinem Magen, als auch in seiner Seele. Er wusste nicht, was schlimmer war: Das Fehlen von Schnitzeln und dergleichen oder die Anwesenheit eines Konkurrenten, mit dem er nicht mithalten konnte.

„Lass uns mal 'nen Abflug machen", schlug er Nadja vor.

„Oh ja, endlich nach Hause, wo es nach Tanne und Vanillekipferln duftet", sagte sie. „Mir ist so fröstelig. Ich mache uns einen Kaffee. Den trinken wir vor dem Kamin. Von der Grotte habe ich genug gesehen. Die ‚Vorführung' des Paares war wirklich eindrucksvoll", sagte sie sarkastisch und verdrehte die Augen. „Stinknormales CO_2, was wir jeden Tag ausatmen! Leider anderthalb mal schwerer als Luft und in der Lage, den Sauerstoff aus dem Körper zu drängen, wenn man es denn hochkonzentriert inhaliert." Sie wandte sich zu Heiner Schmidtke. „Okay, Heiner, dann sehen wir uns morgen bei der Sektion der beiden und gucken mal, ob das Gas tatsächlich schuld an ihrem Tod war. Ich bin gegen zehn bei dir."

In Peter zog sich alles zusammen. So hatte er sich das nicht vorgestellt.

„Denkst du nicht, der versierte Kollege kann das ganz allein hinkriegen?", fragte er und verkniff sich einen spitzen Unterton.

„Klar", erwiderte das Heinerle, „aber vier Augen sehen mehr, und wo Nadja doch schon mit vor Ort war …"

Peter enthielt sich eines Kommentars und verließ die Grotte, ohne sich zu verabschieden. Nur Nadja winkte noch.

„Was hast du denn?", erkundigte sie sich im Auto, denn er hatte den ganzen Weg bis dorthin geschwiegen.

„Nichts", kam es bockig von ihm.

„Ach, guck mal, ich hatte uns noch was zu essen mitgenommen“, versuchte sie seine Stimmung zu heben. „Sind aber nur drei Frikadellen. Möchtest du eine? Ich mag jetzt nichts Herzhaftes.“

Peter brummte, griff zu und kaute. Eines seiner Probleme schmolz mit dem Schlucken dahin, aber das andere lag ihm dafür umso schwerer im Magen. Im Nu hatte er alles vertilgt und unterdrückte ein Bäuerchen.

„Der will was von dir“, sagte er plötzlich aus heiterem Himmel kurz vor Hameln.

„Ich weiß“, antwortete sie. „Wollte er schon immer, ich aber nicht, denn ich liebe mein kuscheliges Brummbärchen.“ Sie zwickte ihn in die Seite. „Dies hier, das so schön eifersüchtig ist. Der Heiner hat mich nie interessiert.“

Innerlich atmete Peter auf. Seine Welt war wieder in Ordnung.

Das war sie allerdings nicht in Bad Pyrmont. Schon am nächsten Tag hatten das Heinerle und Nadja herausgefunden, dass die Tote Anneliese Seitz überhaupt keinen Hirntumor hatte, dafür aber eine komplette Querschnittslähmung. Das sprach zunächst dafür, dass ihr Ehemann Armin sie hatte möglicherweise loswerden wollen. Vielleicht, weil ihm die Pflege zu viel geworden oder er einer gesunden, neuen Liebe begegnet war. Ob er den irreführenden Abschiedsbrief selbst geschrieben oder ihn unter Zwang hatte verfassen lassen, war dabei unwichtig, denn der Inhalt war ohnehin gelogen. Knapp zwei Wochen nach dem Auffinden des Paares in der Dunsthöhle hatte man weitere Erkenntnisse. Es war unterschiedliche DNA an der Kleidung des Mannes gefunden worden. Interessanterweise gehörte nur ein Teil davon seiner Frau Anneliese. Das andere weibliche Erbgut ließ sich aufgrund der genetischen Verwandtschaft ihrer Schwester zuordnen. Ein Test bestätigte dies. Der Fall hatte damit plötzlich aus Ermittlersicht eine ganz neue Wendung genommen. Auch die Auswertung der Smartphones durch Rieke Scharf zeigte interessante Details. Der tote Armin Seitz hatte tatsächlich schon seit Langem eine andere Beziehung gehabt. Endloses Geturtel per WhatsApp und Verabredungen zum Stelldichein an geheimen Orten.

Man bestellte seine Schwägerin Inga Herwig ein. Sie musste mehr wissen. Während der Befragung ließ sie Kommissarin Rieke Scharf hinter die Kulissen blicken: Der jahrelangen Pflege überdrüssig hatte ihr Schwager ihre Schwester töten wollen, jetzt, da er eine neue Flamme besaß, berichtete sie. Zumindest hatte Anneliese dies befürchtet. Dass es gar keinen

Hirntumor gab, konnte die Schwester der Toten ebenfalls bestätigen. Eine derartige Behauptung war Armin Seitz vermutlich nur als guter Grund für die Selbsttötung eingefallen. Wer hätte das im Normalfall bei einem Suizid überprüft?

Anneliese, die an den Rollstuhl gefesselt war, hatte schon länger Angst gehabt, Opfer ihres Ehemannes zu werden, erzählte Inga Herwig, denn ihrer Schwester war das Techtelmechtel mit der Geliebten nicht entgangen. Sie ahnte, dass Armin die Neue an ihrem Platz sehen wollte. Also war ihr klar geworden, dass er sie dann aber erst einmal loswerden musste. Doch wem hätte Anneliese ihr Leid klagen sollen, außer ihrer Schwester Inga? Wer im Rollstuhl sitzt, hat nicht unbedingt viele Freunde, wenn er sich isoliert. So sei es hier auch gewesen.

„Natürlich", erklärte Inga Herwig im weiteren Verlauf der Befragung, „hat meine Schwester mich informiert, als der Widerling sie gezwungen hat, diese Abschiedszeilen zu schreiben. Und das, obwohl er Anneliese das Smartphone weggenommen hat. Aber wir waren nicht blöd und benutzten längst seit einiger Zeit ein zweites, von dem er nichts wusste. Also hat sie mir in einer SMS alles mitgeteilt. Ab diesem Moment habe ich ihn nicht mehr aus den Augen gelassen."

Rieke Scharf musterte die Frau.

„Wieso sollte Ihre Schwester so etwas aufschreiben?", erkundigte sich die Kommissarin. „Das ist doch unlogisch. Mit welcher Drohung hätte er sie zwingen können, wenn er sie sowieso töten wollte? Also ich hätte mich geweigert, um ihm nicht auch noch einen Freifahrtschein auszustellen."

Inga zögerte und flüsterte dann. „Armin ließ ihr die Option des schmerzlosen Sterbens. Aber nur dann, wenn sie den Brief verfasste. Ansonsten hätte er sie erstickt. Das wäre auch weniger aufwendig gewesen."

„Warum haben Sie nicht die Polizei verständigt, um den Mord zu verhindern?", hakte Rieke Scharf nach.

Inga Herwig zuckte mit den Achseln und schnäuzte sich in ihr Taschentuch.

„Da bin ich, ehrlich gesagt, gar nicht drauf gekommen", gestand sie. „Manche Dinge sollte man in der Familie regeln. Vielleicht wollte ich auch sehen, wie weit er gehen würde, denn ich glaubte nicht wirklich daran, dass er es wagen würde, Anneliese umzubringen. Außerdem dachte ich, ich hätte alles im Griff. Ich hatte ihr einen Sendeknopf gegeben, mit dem sie ein Notsignal übermitteln konnte, aber er muss sie wohl betäubt haben."

„Dass die Sache schiefgehen könnte, was sie ja nun auch ist, ist Ihnen nicht in den Sinn gekommen?“, erkundigte sich Hauptkommissarin Scharf.

„Nein“, sagte Inga Herwig traurig und schüttelte den Kopf.

„Wissen Sie, mit wem Ihr Schwager ein Verhältnis hatte?“, wollte Rieke Scharf wissen.

„Keine Ahnung, leider“, erwiderte Inga Herwig. „Ich dachte, Sie hätten es längst herausgefunden und Kontakt mit der Frau aufgenommen. Sie muss sich doch wundern, warum sie nichts mehr von meinem Schwager hört.“

„Das haben wir uns auch gedacht, aber komischerweise kamen überhaupt keine Nachrichten mehr von ihr auf Armin Seitz’ Smartphone an, nachdem er tot war. Ist das nicht merkwürdig?“, bohrte die Kommissarin weiter, die plötzlich den Verdacht hatte, dass sie der Geliebten direkt gegenübersaß.

„Kommt drauf an“, kam es lapidar von Inga Herwig, „vielleicht hatte sie plötzlich kein Interesse mehr an ihm.“

„Ein komischer Zufall, dass das passiert, just als er tot ist. Fast so, als ob sie es gewusst hätte. Sagen Sie, was würden wir finden, wenn wir in Ihrer Wohnung nach DNA-Spuren Ihres Schwagers suchten?“, fragte Hauptkommissarin Scharf und schlug auf den Tisch.

Ihr Gegenüber lehnte sich lässig zurück.

„Spuren von ihm und meiner Schwester. Das ist doch wohl ganz normal bei Verwandten“, gab sie zurück. „Man besucht sich gelegentlich.“

„Auch an der Jacke des Toten haben wir Ihre DNA gefunden“, fuhr Rieke Scharf fort, „und sie war noch relativ frisch.“

„Klar, ich hab sie wahrscheinlich beim letzten Treffen zu dritt aufgehängt“, mutmaßte Inga Herwig und schniefte leise. „Entschuldigen Sie bitte! Der Verlust schmerzt so ungemein.“

„Warum haben Sie Ihren Schwager eigentlich nicht gemieden, wenn Sie doch wussten, dass er Ihre Schwester betrog?“, bohrte die Hauptkommissarin weiter.

„Anneliese hat mich gebeten, dass ich mir nichts anmerken lassen soll“, informierte sie die Beamtin.

Aalglatt, dachte die Hauptkommissarin. Diese Frau ist mit allen Wassern gewaschen.

„Ich möchte Sie noch um Ihre Fingerabdrücke bitten, bevor Sie gehen“, sagte Rieke Scharf.

„Meinetwegen“, antwortete Inga Herwig und stöhnte. „Ich weiß zwar nicht, wofür Sie die brauchen, aber wenn's sein muss …“

„Muss es!“, kam knapp von der Kommissarin zurück, denn das war noch ein Ass, das sie im Ärmel hatte.

Im Verlauf des Tages kamen durch die Befragung weiterer Zeugen und beim Vergleich unterschiedlicher Smartphone-Bewegungsprofile noch zwei interessante Details ans Licht.

Zusätzlich hatte die Spurensicherung beim Durchsuchen der Wohnung von Anneliese und Armin Seitz einen Füllfederhalter im Geheimfach eines Sekretärs entdeckt, dessen Tinte mit der auf dem Abschiedsbrief identisch war. Auf ihm befand sich ein Fingerteilabdruck, der keinem der Eheleute zuzuordnen war. Vielleicht hatte man ihn nicht so akribisch abgewischt, da das Schreibgerät versteckt worden war. Oder man hatte die Stelle versehentlich nicht erwischt.

Dass er sich dann tatsächlich Inga Herwig zuordnen ließ, war für Hauptkommissarin Rieke Scharf das größte Weihnachtsgeschenk. Es war ein Meilenstein auf dem Weg, die Mörderin von Anneliese Seitz und vielleicht auch die ihres Mannes dingfest zu machen. Dafür wollte sie sich unbedingt noch bei Peter Kruse bedanken, denn wenn der Bückeburger Kommissar nicht gewesen wäre, hätten sie den Füller nie entdeckt.

Sie rief ihn an.

„Kruse?“

„Rieke Scharf hier“, antwortete sie ihm.

„Habt ihr sie endlich?“, erkundigte er sich. Rieke hatte ihn auf dem Laufenden gehalten. Inzwischen duzten sie sich auch.

„Noch nicht ganz, aber mit diesem letzten Detail werden die Indizien zu erdrückend. Stell dir vor, wir haben tatsächlich einen Teilabdruck auf dem Stift gefunden.“

„Krass“, freute sich Peter. „Ich sag doch immer: Finde das Werkzeug! In gewisser Weise gibt es immer eins. Mir war gleich aufgefallen, dass es sich bei der Schrift nicht um das Geschreibsel einer Kugelschreibermine handelte, weil die Tinte schon am Verlaufen war.“ Er lachte. „Feuchte Luft und Kohlensäure. Da hättste auch Sprudel über den Wisch drübersprühen können. Na ja, und so 'ne teuren Federhalter lässt man nicht einfach so rumliegen. Wer schreibt heute schon noch mit Füller? Es musste einfach was Hochwertiges sein. Tja, und das bewahrt man lieber an einem Ort auf, wo es sicher ist. Also nachdem die SpuSi beim ersten Mal nichts Derartiges gefunden hatte, war es doch ein interessantes Versteckspiel, bis sie das Corpus Delicti hatten."

„Ich werde unsere mutmaßliche Mörderin damit konfrontieren", versprach Rieke Scharf.

„Erwarte nicht zu viel", sagte Peter. „Denkst du noch, sie hat ihren Schwager ebenfalls auf dem Gewissen?"

„Mehr denn je", erklärte die Hauptkommissarin. „Jetzt wo beide tot sind, erbt die Herwig richtig viel Geld und ein schönes Haus in exklusiver Lage von Bad Pyrmont. Du kennst vielleicht das Goethehaus? Dort residierte der Dichter seinerzeit mal während einer Kur mit seinem Sohn August."

„Klingt schlüssig. Es würde ins Bild passen", antwortete Peter.

„Ja, absolut, aber wir haben noch zwei Trümpfe in der Hand, von denen du noch nichts weißt. Hat sich gerade erst ergeben. Ich hatte dir doch berichtet, dass die Anneliese Seitz über ein zweites, heimliches Mobiltelefon verfügte, über das sie mit ihrer Schwester schrieb. Wir vermuten aber, dass Inga Herwig ebenfalls ein weiteres besessen hat, auf dem sie mit Armin Seitz kommunizierte. Das Smartphone der Geliebten ist zwar ein nicht zurückverfolgbares Prepaid-Handy, aber wir konnten nachweisen, dass es sich in dieselben Funkzellen eingeloggt hat wie Herwigs registriertes Smartphone. Und jetzt kommt der Knaller: Stell dir vor, was wir eben gerade noch bei der Befragung von Werner Brockmann herausgefunden haben. Es ist ein Indiz, das ihr in der Summe der anderen Auffälligkeiten das Genick brechen könnte."

„Mach es nicht so spannend", bat Peter und lachte. „Ich will mich auch aufs Fest freuen und wissen, dass man eine Doppelmörderin einknastet."

Rieke Scharf grinste an ihrem Telefon. Das konnte der Kollege zwar nicht sehen, aber es gefiel ihr, dass er so mitfieberte.

„Wir haben dem Herrn von der Dunsthöhle unter anderem ein Foto von Inga Herwig gezeigt, und siehe da, er hat sie wiedererkannt. Sie war nämlich genau einen Tag vor dem Auffinden des Ehepaars bei einer Führung dabei gewesen. Sie wusste also genau, wie hoch das Gas in der Grotte stand. So konnte sie beide loswerden, und ihr Schwager ahnte nicht einmal, dass es ihn auch erwischen würde. Ich stelle mir das so vor: Armin und Inga planen ein Mordkomplott. Anneliese soll betäubt mit einem Abschiedsbrief in die Grotte gelegt werden. Die Zeilen hat Inga geschrieben. Sie war es auch, die sich über den Zustand der Dunsthöhle informiert hat, und dabei ist ihr die Idee gekommen, ihren Schwager oder Geliebten gleich mit loszuwerden."

„Könnte möglich sein. Auf jeden Fall sind das ein paar Zufälle zu viel. Klingt ganz klar nach Vorsatz und Planung. Damit wäre es wirklich ein Doppelmord. Ich hoffe, das Gericht wird deiner Theorie folgen und die Frau anhand der Indizien und Beweise verurteilen", sagte Peter und lauschte. „Hörst du da etwa dieses Weihnachtslied von *Wham!*?"

„Klar, ich muss doch noch in Stimmung kommen, jetzt wo ich davon ausgehen kann, dass diese Herwig nicht mit ihrer Geschichte davonkommen wird und es dazu auch noch endlich einen Tag vor Heiligabend schneit", antwortete Rieke und verabschiedete sich. Sie versprach, ihn weiterhin auf dem Laufenden zu halten.

Peter legte beruhigt auf und sah nach draußen. Dicke Flocken schwebten vom Himmel herab und würden in Kürze alles einhüllen.

Der Winter zog gnädig seine Decke über das, was geschehen war, hier und anderswo. Es blieb zu hoffen, dass der weiße Segen alles Schlimme noch bis weit über die Feiertage unter sich verbergen würde.